法庭科学之印章与印文鉴定

刘敬杰◎著

FATING KEXUE ZHI YINZHANG YU
YINWEN JIANDING

中国政法大学出版社

2015·北京

图书在版编目（CIP）数据

法庭科学之印章与印文鉴定/刘敬杰著. —北京：中国政法大学出版社, 2015. 11
ISBN 978-7-5620-6456-5

Ⅰ. ①法… Ⅱ. ①刘… Ⅲ. ①印章－文件检验－研究－中国 Ⅳ. ①D918. 92

中国版本图书馆CIP数据核字(2015)第263600号

出版者　中国政法大学出版社
地　　址　北京市海淀区西土城路25号
邮　　箱　fadapress@163.com
网　　址　http://www.cuplpress.com（网络实名：中国政法大学出版社）
电　　话　010-58908435(第一编辑部)　58908334(邮购部)
承　　印　北京中科印刷有限公司
开　　本　720mm×960mm　1/16
印　　张　16.5
字　　数　269千字
版　　次　2015年11月第1版
印　　次　2015年11月第1次印刷
定　　价　66.00元

目录 CONTENTS

上 篇 印章概论

下 篇 印章印文鉴定

上篇

印章概论

第一章

中国古代印章

第一节　印章的起源

说起印章，人们自然而然地想到篆刻艺术，它是我国及汉文化地区特有的传统艺术形式。然而，印章却不是古代中国所特有的，在世界上与中国同属四大文明古国的古巴比伦、古埃及、古印度也有出现，甚至比中国还要早得多。印章是人类文明发展的产物，是世界四大文明古国的一个共同的文化现象，但中国印章在世界文明发展史上又具有独特的进化轨迹和生命力，它与社会的政治、经济、军事、法律、宗教、文化、艺术等领域紧密结合，在各个领域发挥其独有的作用，长盛不衰。

据《后汉书·祭祀志》载“三皇无文，结绳而治，自五帝始有书契。至于三王，俗化雕文，诈伪渐兴，始有印玺，以检奸萌”。印章的出现是生产力发展的结果，是社会经济发展到一定阶段、商品交换日益频繁，所产生的一种信用凭证工具，用以辨别真伪，保证货物正常有序地交换。随着社会的进步，印章又发展出了新的功用与职能，当社会出现阶级分化，印章又成为权力的象征。汉代许慎《说文解字》：“印，从爪，从卩（节），执政所持信也”。在社会的发展中印章又不断衍生出新的功能。

印章的发展是一部由“实用艺术”到“欣赏艺术”的历史，是一部由“附属艺术”到“独立艺术”的历史。虽然现在对印章的起源还很难确定一个具体的时间，但考古学界的主流观点认为，远古时代的陶器刻绘花纹、符号以及殷墟出土的甲骨，从其形象、纹饰、文字等制作工艺、刻写能力中可以看到，这些都直接或间接地为印章的出现提供了必要的基础条件，也为研究印章的起源提供了线索。被用来拍打陶器泥坯印压装饰花纹的陶拍，就其戳压和再现其内容这一形式来说已经具备了印章的雏形，也可被认为是印章的前身。

古代陶拍

古代印纹陶器

著名的文字学家、历史学家唐兰先生在《中国文字学》一书中提到："远在商朝就有铜器上的范母，现在变成了小玺，无论公私都用得着，成为一种玺印文字。"此处主要指图形印、徽标印、肖像印和吉语印等。20 世纪 30 年代初在河南省安阳殷墟出土了三枚铜质印章，多数学者认为此三枚印章应为商代之物，是迄今发现的最早的印章实物。胡厚宣《殷墟发掘》、傅抱石《中国篆刻史述略》等著作中都引录为商代玺印，被称为"商三玺"，朱简《印章要论》中也表述："印始于商周，盛于汉、沿于晋、滥觞于六朝。"但也有学者提出异议，认为"定为商代作品，还缺乏科学根据"，"三玺的出土情况不详，很可能出自上层堆积中。我们为对历史负责，暂不肯定它的年代"[1]。至于"商三玺"的内容，迄今未能完全准确解读。

"商三玺"

〔1〕 沙孟海：《印学史》，西泠印社出版社 1999 年版，第 3 页。

玺印实物

（现藏于台北故宫博物院，另一枚下落不明）

虽然关于印章的起源现在还难以科学地确定其准确年代，但是根据古代文献及考古实物综合分析，中国印章的起源要早于春秋，且盛行于战国，这是现在被普遍认同的观点。若是“商三玺”的论证准确的话，那么印章的出现与使用可追溯商周时期，距今已有三千多年的悠久历史了。

第二节　印章的作用

印章在几千年的发展历程中衍生了许多用途，虽然都是由文字、图案组成，但印章适用的对象以及其表现出的功用却千差万别。

我国著名的书法家、篆刻家沙孟海先生在 1999 年出版的《印学史》中将古代印章的用途归纳为 7 种，分别为：①钤印封泥；②手工业者在所制造器物上的记名，即“物勒工名”；③器物名称的图记；④楚国金币钤以“郢爰”、“陈爰”印迹，称“印子金”；⑤专作佩带之用；⑥生前用印，死时殉葬；⑦烙马印等。中国美术学院教授、西泠印社执行社长刘江先生在 2005 年出版的《中国印章艺术史》中将古玺的应用分为 12 种，分别为：①封泥；②佩带；③殉葬；④烙马；⑤印陶；⑥瓦当；⑦瓦量；⑧烙漆；⑨印子金；⑩印铜；⑪烙木；⑫钤印等。李刚田、马士达主编的《篆刻学》中根据印章的用途及使用方式对其进行了综合分类，分别为：①抑压；②烙印；③封泥；④佩戴；⑤殉葬；⑥钤印等。

中国印章是“一种可供抑印出特定文字或图形标记，并且其本身可供验示，以固定的充当凭信为主的器具”[1]。印章随着社会的发展在演进过程

〔1〕 孙慰祖：《中国印章——历史与艺术》，外文出版社 2010 年版，第 4 页。

中外延不断扩展，渗入了多样的人文因素，衍生了一些其他的功用，从而使其功能泛化了。

因此，笔者认为这些分类方式各有利弊，这些功能分类存在重叠、交织，还有些是派生用途。笔者主张将印章的作用分为凭证、器物标记、身份象征、政府信用和书画艺术元素等五大类。

一、凭证

在古代常以钤印封泥的形式出现，刘熙《释名》："玺，徙也。封物使可转徙而不可发也。印，信也。所以封物以为信验也"。在纸张发明之前，为防止文书、信件被私自拆阅泄密，便在成捆的简牍上"缄之以绳，封之以泥，抑之以印"，即将印章的印文印压在封泥之上。如果仅仅用绳子扎住简牍，就难防被别人拆动、窥视，为保证文书的完整性与保密性，所以在结绳处封上一块泥，再把印章钤印在上面，形成立体印文，这种泥块被称为"封泥"，这种凭信功能是印章最初、最本质的功用。春秋中期季武子用玺书的故事便是一个很好的例证，据《左传》载，襄公二十九年"夏四月，……公还，及方城。季武子取卞，使公冶问。玺书追而与之"。鲁大夫季武子攻取了卞邑，襄公派公冶去了解情况，公冶出发了，却没有带任何可以代表国君的凭信，于是襄公写了书信，用玺印封缄后，派人追送给公冶。

在捆扎文件的打结处用泥封住绳结，在封泥上钤印印文或指印以为凭据，如果封泥上的指印或印文被破坏，即显示绳结可能被解开，被扎的文件可能已经泄密，若被替换，则不足以为信了。

竹简

竹简结绳

据长沙马王堆一号汉墓发掘简报记载："出土时，硬陶罐的口部用草填塞，草外敷泥，上置封泥盒，封泥文字为'轪侯家丞'。并系有墨书的竹签，标明器内食物名称”。

“轪侯家丞”封泥

战国印及封泥

在今天的中国香港等地区仍然保留在装订的文件上利用“封泥”密封再“抑之以印”的习惯，来确保文件的完整性。这类印称之为火漆印，也称封印、封蜡印、封口印，火漆戳等，海关、安全、银行、保险、司法等部门以及包装防伪和重要文件、私人信件避免偷拆多使用火漆和专用印章。还有现在常用于检验水电仪表，以防私自开启水电表盒箱之用的铅封扣等也均是沿袭了“封泥”的功用。

火漆印 1

正本

檔案編號：CND/RL/SW/[redacted]

聲明

本人，楊[redacted]（YEUNG, [redacted]），男，1959年11月29日出生，
現居於：香港鰂魚涌[redacted] C座312室
香港身份證號碼：D[redacted]
港澳居民來往內地通行證號碼：H06[redacted]

謹以至誠鄭重聲明：

火漆印2

铅封钳

铅封扣

二、器物标记

器物标记，也就是“物勒工名”，即手工业者在其所造器物上的记名，这种记名不是将制作者或拥有者的姓名刻于器皿之上，而是采用印模印压的方式形成印记。据《礼记·月令》载，春秋战国时期有“物勒工名，以考其诚，功有不当，必行其罪，以穷其情”的做法，在器物上钤印制作者的姓名标识，是出于对器物质量的负责，确保信誉。这种印模或为陶玺，因难以保存，迄今未见有实物出现。近代著名画家黄宾虹在《虹庐藏印·弁言》中称道：“古昔陶冶，抑埴方圆，制作彝器，俱有模范。圣创巧述，

宜莫先于治印。阳款阴识，皆由此出”。后来此举也有美学上的追求，现在的手工艺品多沿用了此种做法，称这样的印迹为“款”，多出现在器物的底部。

宜兴紫砂壶

著名的南京明城墙修建于1366～1386年，用时21年之久。砌城墙所用城砖，每块长40～50厘米，宽约20厘米，厚约10厘米，每块重15～20公斤，这样厚重的城砖，烧制的难度相当大。朱元璋要求所筑城墙不但高大而且坚固，于是明王朝制定了最严厉的烧制城砖的法令。当时烧制城砖的有湖南、湖北、江西、江苏和安徽各省的152个府县。砖的两侧都印有铭文，大都有两列文字，上有府县、监造官、提调官、主簿、司吏等官员姓名，一旦发现不合格砖品，立即追究责任。

南京明城墙青砖

战国时代齐国标准量器上盖有“陈华右莫稟□亳釜”专用玺。北京中国历史博物馆藏战国时代量器“右里升”大小两器，铭文“右里收鑒”（收旧释启）四字，有田字界格，也用玺印形式。

还有一类印章是职能官署的特殊用印，也属官印的范畴，如烙马印、烙木印等。

烙马印是我国古代官方用于给马匹烙制标识的专用玺印，属于官印的一种。古代对马极为重视，特别是良马。据《唐六典》所载："凡外牧进良马，印以三花飞凤之字为志焉。细次马送尚乘局者，于尾侧依左右间印以三花；其馀乘马尚乘者，以凤字印印右髆"。烙马印传世较少，其中以战国时期燕国的"日庚都萃车马"朱文六字巨玺和汉代的"灵丘骑马"最为著名。

"日庚都萃车马"铜印

日庚都萃车马

灵丘骑马

右桁正木

左桁廪木

“日庚都萃车马”印6.9厘米见方，相传此印于19世纪末出土于河北省易县，被古文字学家王懿荣用600两白银购得。20世纪初，被日本人藤井善助骗购，现藏在日本都友邻馆。此方印印面6个字，分列两行，上半部的4个字分别靠近边框，中间留出一大片空白，下半部的两个字横向扁压，连接紧密，在章法上形成一个如英文字母“U”的构形。文字夸张变形，笔画轻重粗细的变化丰富，力道苍劲厚实，气韵贯注，安定神闲，开合大度，气势雄强朴茂，而韵致内含，耐人品味。

烙木印是我国古代管理林木的机构所用的特殊用印，如存世的“右桁正木”即属此类。

三、政府信用

许慎《说文解字》中将“印”解释为“执政所持信也”，由此可知印章在执政中具有举足轻重的作用。这一功用也体现在政府发行的货币上。中国古代广泛铸造和使用金属货币，春秋战国（公元前475年～前221年）时期各诸侯国纷纷铸造金属钱币。当时有金、银、铜三种金属货币。战国时期楚国铸造了金币。

楚国是有名的黄金产地，故楚国铸金币作为主要的流通手段，是楚国的主要货币形式之一。楚金币上印有“郢爰”、“陈爰”等字迹[1]，其中“郢爰”出现较多，故又称“郢爰”、“郢金”、“爰金”，亦称“印子金”。是目前中国发现并有记录的最早的黄金货币。

楚国金币“郢爰”

〔1〕“郢”与“陈”都是楚国都城，“爰”为货币重量单位。

从古代文献中可以看出，黄金的流通限于上层社会，而且只在国际礼聘、游说诸侯、国王赠赏、大宗交易时才使用。使用时动辄百金、千金，至少为一镒（镒，古代重量单位，二十两或二十四两为一镒）。楚金币是一种称量货币，纯金较软，使用时根据需要将金版或金饼切割成零星小块，然后通过特定的等臂天平称量再行交换。因而目前已经出土的楚金币，大都是零星碎块，大小轻重相差悬殊，而且能明显看出曾被切割过的痕迹。

交子出现于北宋时期，是我国迄今发现的最早的纸币。交子的印制始于民间，后归为政府管理印制，主要在四川地区流通。天圣元年（1023 年）开始发行的交子在上面盖有两枚官印，分别为“益州交子务”和“益州观察使”。

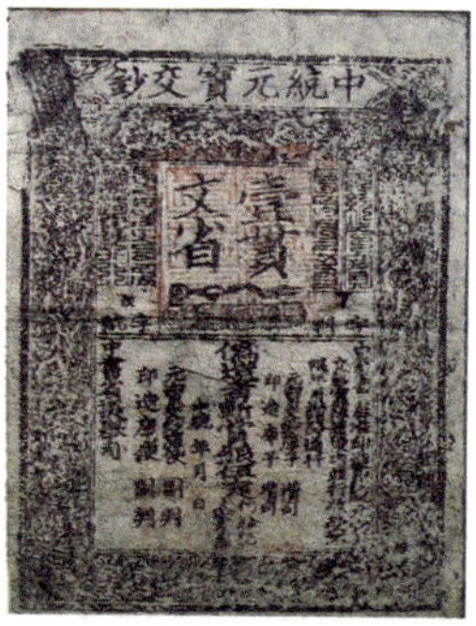

中统元宝交钞（元代）

从古至今政府发行的纸币，尤其是清代和民国时期的许多纸币，上面加盖着内容丰富、形式多样、风格各异、不同文字的印章印文。在我国迄今发行的 5 套人民币中的主币和部分辅币上也有印刷而成的印文出现。（见下图及表 1）

第一～五套人民币票样

表1　第一～五套人民币中的印文及出现的位置

套　别	正　面		背　面	
	左	右	左	右
第一套	副经理章	总经理章		
	副行长章	行长之章		
第二套	副行长章	行长之章		
第三套	副行长章	行长之章		
第四套			副行长章	行长之章
第五套				行长之章

由此可见，印章在中国货币史上也扮演着重要的角色。笔者认为，无论是在金属货币上钤印，还是在纸质货币上盖印、印制印文，均是一种职能的体现，是发行机构对该纸币币值、印制质量以及收回兑现等信用所承诺的责任，同时也可视为法定货币的标示，印文的大小、形状、字体设计风格、油墨颜色以及印制方法也可起到防伪作用。印章代表着国家的权力、政府的法令与信用。

四、身份的象征

古玺上均有钮，钮穿孔以系绶印，具有佩带功能，因此又称佩印。春秋战国时期佩带印章就已经成为较普遍的现象，尤其是古玺印中的吉语印更是专门用于佩带的。古人认为“龟钮之玺，贵者以为佩”。《史记》中载苏秦佩六国相印，《史记·甘茂传》载：“夫甘茂，贤人也，今秦赐之上卿，以相印迎之”。除显示身份地位外，玺印常被用来封检文书，同时也是一种信物，因此常佩于身。印章既是行使职权的凭证又是一种佩带装饰物。

官印是权力的象征，死后将官印入殓也能彰显死者的身份和地位。但官印要随着官员的升迁、罢免和死亡而被收回，传递给下一任使用。如《史记·范雎传》中载：“秦王乃拜范雎为相，收穰候之印，使归陶”。所以官员死后入殓时只能复制一枚相似印模，以代官印，此类印章被视为冥器。冥印多制作粗糙，或在官名前加一“故”字或在官名后加上姓名。此类供殉葬用的冥印在我国出土较多。殉印自秦汉时流行，至魏晋以后逐渐消失。

“车骑将军”

“太官之印”

生前用的私印多会随主人入葬，在墓葬考古中印章的出现对确定墓主人的身份有着重要的意义。1981 年 2 月在徐州市龟山发现的汉墓因早期被盗而没有发现可以确定墓主人身份的物件，直至一枚“刘注”龟钮银印的出现，从而揭开了墓主人的身份之谜。刘注为西汉第六代楚王，龟山汉墓为楚王刘注的陵寝。

“刘注”龟钮银印及印文

五、印章的艺术价值

印章的艺术性主要体现在篆刻艺术与书画艺术领域。篆刻艺术是以印章形式为载体，由制作迈向创作，文人制印成为风尚。元朝，文人印章与官印彻底分流，文人手中的印章逐步脱离了凭证功能而演变为仅仅借助印章的物质外壳与形式元素的艺术创作，表达文人的思想情感和文字书法，印章图文的线条美感与个性追求，这也是中国篆刻艺术的本质特征。

唐代以前的官府或文人在鉴定书画作品时于真迹或副页上签名，称之为押署。唐代张彦远《历代名画记》卷三《叙自古跋尾押署》中载：“前代御府，自晋宋至周隋，收聚图画皆未行印记，但备列当时鉴识艺人押署”，后来这种押署形式被铃印所替代，促成了印章与书画的结合。徐浩《古迹记》中载：“太宗皇帝肇开帝业，大购图书，宝于内府，钟繇、张芝、芝弟昶、王羲之父子书四百卷，及汉、魏、晋、宋、齐、梁杂迹三百卷，贞观十三年十二月装成部帙，以‘贞观’字印印缝，命起居郎褚遂良排署如后”，开创了书画鉴赏印的先例。

唐太宗“贞观”二字连珠印和唐玄宗“开元”印

沙孟海先生在《印学史》中就有这样的著述：“宋代‘文人画’盛行，把诗、书、画结合起来，成为综合的艺术形式。最后还加上印章，美术的含义就更丰富。印章本身也从此变成一种美术作品”。

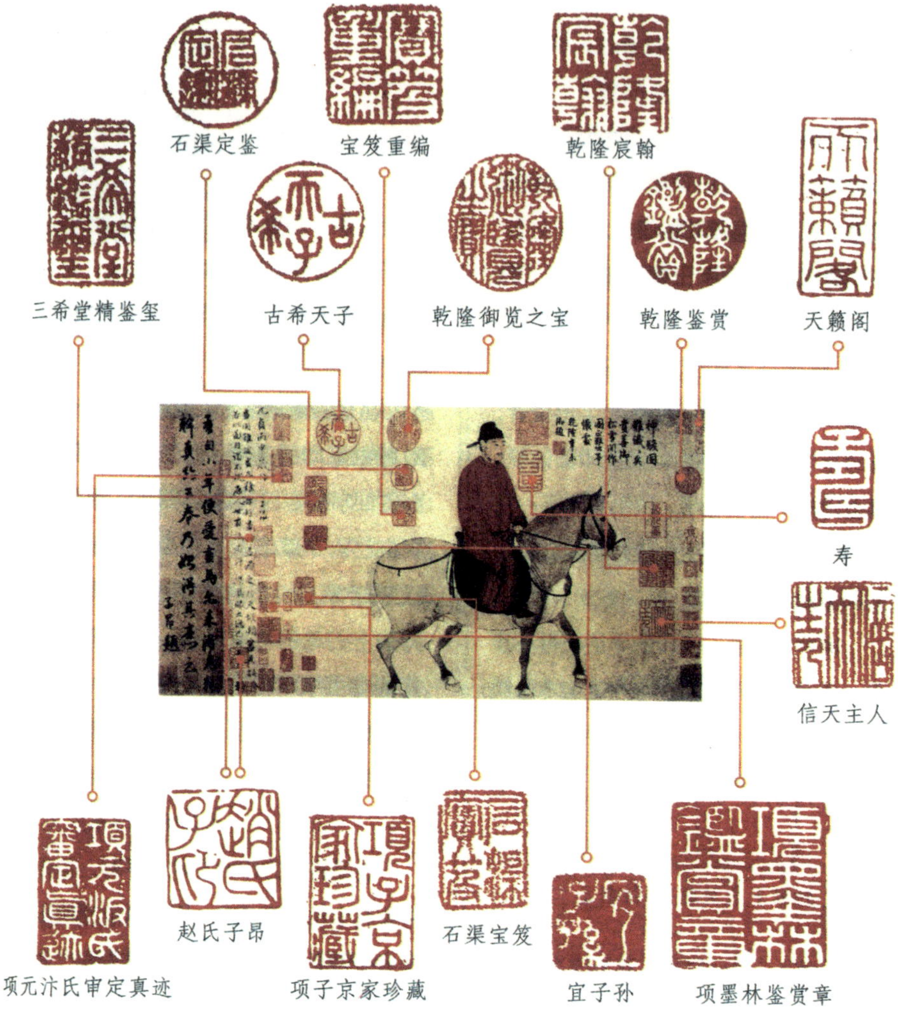
石渠定鉴
宝笈重编
乾隆宸翰
三希堂精鉴玺
古希天子
乾隆御览之宝
乾隆鉴赏
天籁阁
寿
信天主人
项元汴氏审定真迹
赵氏子昂
项子京家珍藏
石渠宝笈
宜子孙
项墨林鉴赏章

元　赵孟頫《人骑图》

元　郑思肖《墨蓝图》

第三节　印章的名称

中国印章的发展历史悠久而漫长，各朝各代关于印章的制度与印章的形制都有不同的规定和表现，这种印章制度的发展也反映在印章的名称上。随着时代的变迁，印章发展至今天所用的称谓较多，主要有玺、印、章、印章、宝、关防等，还有朱、朱记、图章、印信等别称以及章子、手戳、戳子等俗称。

战国时期出现了“玺”的称谓，秦朝时又出现了“印”，唐朝时有了“记”、“宝”，宋朝时出现了“朱记”，宋、金时期还有“合同”印，明代又出现了一种“条记”和“关防”印，明末李自成将印章的名称改为符、契、记、信四种，清代官印又分成宝、印、关防、图记、条记五种。

玺，印章最初的称谓，周代初期玺的主要作用是随身佩带，作为装饰，周代末期玺开始用来封检。起初并无等级的差别，人人皆用，分官玺和私玺。自秦始皇统一六国后，建立了中央集权的帝国，规定“玺”为帝王专用，天子有六玺，并另制传国玺，且用美玉刻印，臣民不能使用。除此之外其他印章则称之为“印”。从此，“玉玺”就成为代表统治阶级皇权神圣而不可侵犯的物件。印章的使用及称谓自秦开始出现等级差别，之后“玺”的称谓被历代帝王所沿用。

辛亥革命推翻了帝制，但中华民国国印为“中华民国之玺”，仍沿用“玺”字，此枚以缅甸翠玉篆刻而成的国玺在国民政府北伐后制成，于中华民国十八年（1929 年）双十国庆日启用。“中华民国之玺”为代表国家之印信，盖用于国书、批准书、接受书、全权证书、领事证书、领事委任文凭等文件。

中华民国之玺

印，秦朝的一般官员所用印章称之为“印”。汉代也沿袭旧制，印章的材质与其上绶带（悬系印章的彩色饰物）的颜色受到严格的等级制约。《汉书·百官公卿表》所叙自丞相以下官名、职掌及所用印章，如丞相太尉，皆金印紫绶，比二千石以上皆银印青绶，比六百石以上铜印黑绶，比二百石以上铜印黄绶。在印章的用字中“印”字并不鲜见，如“军司马印”、“朔方长印”、“部曲将印”等。各朝代中较为正式的官印多著刻“印”字。

1949 年，中华人民共和国成立之时制作了一枚国印，即“中华人民共和国中央人民政府之印”。1954 年 9 月，第一届全国人民代表大会召开，《中华人民共和国宪法》规定国务院为最高国家权力执行机关。至此，中华人民共和国中央人民政府及其所属和下属行政机关印信全部上缴给新的中央人民政府——国务院。1959 年 5 月，国务院秘书厅将此印交由中国革命博物馆（现中国国家博物馆）珍藏。

中华人民共和国中央人民政府之印

章，“从音，从十”，本意为音乐段落，歌终之处为一章，引申为累文成章，官印称章始见于西汉，为高级官吏印的称谓，汉代列侯、丞相、太尉、前后左右将军用印皆称“章”。传世铜印如“广武将军章”、“牙门将之章”等皆是，这一称谓至隋唐时废止。

印章，现代的通常称法，“印”与“章”本指同一事物，“印”、“章”的连用始于汉武帝太初元年。据《史记·孝武本纪》载：“太初元年（公元前104年）夏，汉改历，以正月为岁首，而色上黄，官名更印章以五字。”使五字印成了法定印式。官私印文中用“印”字的，其前面有加“之”字的，其实“之”字是为了填足字数，使印面排列规整。又因“印”即为“章”，“章”即为“印”，连用“印章”两字，也是为了填足字数。汉书集解中称“汉据土德，土数五，故用五为印文也。若丞相曰‘丞相之印章’，诸卿及守相印文不足五字者，以‘之’足也”。丞相、校尉等官衔都只有两个字，所以再加“之印章”三字，正好填足五字。三字官衔的加“之章”二字或加“印章”二字填足。传世的有“校尉之印章”、“偏将军印章”、“牙门将印章”等。

宝，始见于唐，据史籍记载，武则天称帝后，讨厌“玺”字的发音，嫌其发音类似于“死”，遂将“玺”改称为“宝”，至唐中宗时将“宝”复名“玺”，但于唐玄宗时又称为“宝”。《新唐书·车服志》载：“至武后改诸玺皆为宝，中宗即为复为玺，开元六年，复为宝。”其后宋、元、明、清各朝则“玺”、“宝”并用。

关防，“关防”的称谓具有特定的历史背景。明初规定，每年各布政使司、府、州、县均需派遣计吏至户部，呈报地方财政的收支账目及所有钱谷数目，府与布政使司、布政使司与户部的数字必须完全相符，稍有差错，即被驳回重造账册，并须加盖原衙门官印。各布政使司的计吏距离户部较远，为避免因数字不符而往返奔走，便持预留了官印的空白账册，遇到与户部统计数字相左时，随时填用。洪武八年，明太祖朱元璋得知此事后大怒，下令严办。自户部尚书至各地守令主印者皆处死，佐贰以下杖一百，充军戍边。此后，朱元璋为防止官员再利用加盖官印的空白公文作弊行奸，便建立了“半印勘合”制度。所谓半印勘合，即将盖有长方阔边的朱文官印公文纸从中间裁开，其上各留一半印文，然后右半纸藏于内府，左半纸交官府诸衙署。在行文时，对照印文拼接，检验是否相符。取“关防严密”之意，“关防”一词由此而来。中国明、清两朝的科举考试试卷上就有关防出现。

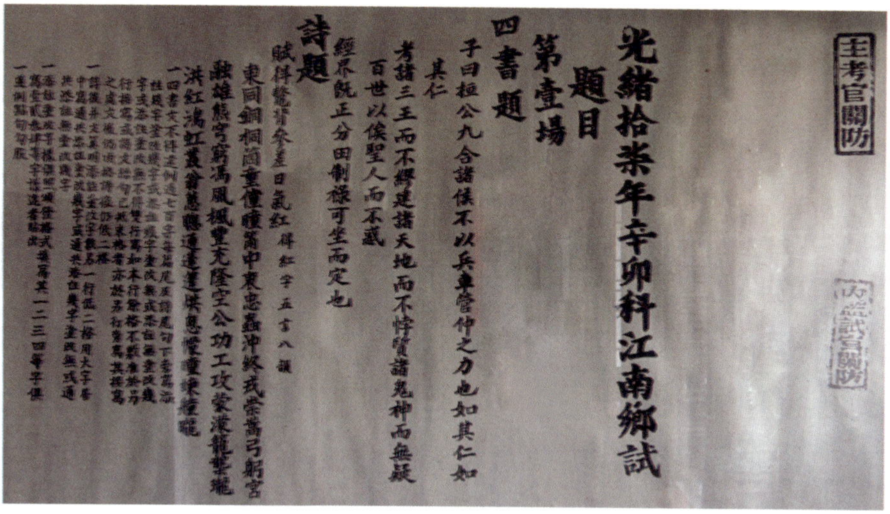
主考官關防
光緒拾柒年辛卯科江南鄉試
題目
第壹場
四書題
子曰桓公九合諸侯不以兵車管仲之力也如其仁如其仁
考諸三王而不繆建諸天地而不悖質諸鬼神而無疑百世以俟聖人而不惑
經界既正分田制祿可坐而定也
詩題
賦得鶯背參差日氣紅 得紅字五言八韻
內監試官關防

光绪年间乡试试卷

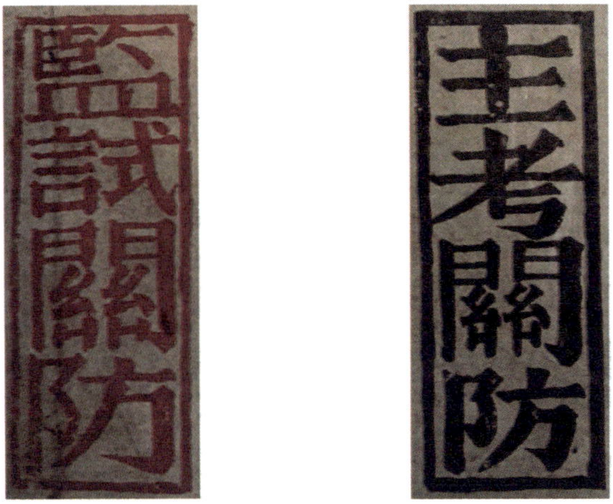

道光年间试卷上的关防

第四节　印章的分类

印章种类繁杂多样，可根据印章的不同要素对其进行分类，主要可以按印面凹凸、印章用途、印章材质、制作工艺、捺印介质及形状等要素进行分类。

一、按印面的凹凸分类

1. 阴文印，又称白文印。是指从印章印面上看，印章的图文部分呈凹陷状，盖印出的印文字迹呈白色的印章。

镇南将军章

东武侯印

妾 徵

魏 嫽

2. 阳文印，又称朱文印，是相对于阴文印而言的。从印章印面上看，印章图文部分呈凸起状，其他部位呈凹陷状，盖印出的印文字迹以色彩形式表现的印章。

金石同寿

清白传家

3. 阴阳互映印，即在同一枚印章中，阴阳两种雕刻手法同时存在，形成一种阴阳互映的特殊表现形式的印章。

杨德之印

王宝之印

二、按印章的用途分类

1. 官印，顾名思义，官方所用之印章即为官印。“官印”历来都是统治者行使权力的重要信物，也是权力的象征。历代官印，各有制度，不仅名称不同，印章的形状、大小、钮式等都有规定，甚至绶带也有等级之分。官印一般比私印大，谨严稳重，多呈四方形。

2. 私印，官印以外印章的统称。私印没有严格的限制，可用各种材质制印，除了姓名印外还有以不同文字符号入印的，所以私印体制复杂，种类繁多。主要有姓名印、别号印、闲文印、鉴藏印、肖像印、动物印等。私印中的姓名印代表着个人的信誉，在书写契约、文书中加盖印文以示诚信。同时，印章也有美学上的追求，印章在刻制手法及书画作品中会让人得到一种美学感观效果。

三、按印章的材质分类

根据印章的材质不同可将印章分为陶土类、金属类、木质类、动物角骨类、矿物质类等。

1. 陶土印章。在殷墟出土的泥陶类印模，多被认为是印章的雏形，主要是翻模之用，还不具有独立印的功能。宋代以来出现了瓷土印章，如哥窑、官窑、汝窑、钧窑、定窑等五大名窑，还有明代的德化窑均有印章出现。紫砂印章可谓是我国特有的印章品种，紫砂产于江苏宜兴，是制造茶壶的上等材料，宜兴紫砂壶闻名于世，制出的茶壶具有透气而不渗水的特性。紫砂印章的边款锋芒劲挺，更具观赏性。

仿汝窑瓦纽瓷印

黑陶印

2. 金属印章。殷商时期的古人就已掌握了青铜的冶炼技术，青铜器的制作工艺较为发达，在制作青铜器皿的同时也将青铜用于印章的制作，最早出现的金属印章便为青铜印章，如春秋时战国时期的青铜印章及印章盒。

战国青铜印及青铜印盒

铜　印

银质印章最早出现在战国，银的质地较软，易于刻制，根据官制，“公卿用银印”，此后官印开始大量使用银来制作。以金制印可以彰显尊贵，且易于刻制，经考古发掘，金质印章以汉代居始、居多，著名的金印有云南出土的“滇王之印”，江苏出土的“广陵王玺”等，可见金印多为皇室及王公大臣使用。

金质“滇王之印”

金质“广陵王玺”

3. 木质印章。以木质作为印材，具有刻制容易、取材方便等诸多优点，因此在印章发展的每个阶段都有木质印章的身影。《隋书 · 礼仪志》记载北齐宫廷中使用一种巨型木印，“以木为之，长一尺二寸，宽二寸五。背上为鼻钮，钮长九寸，厚一寸，宽七分。腹下隐起篆书为‘督摄万机’，凡四字。此印常在内，唯以印籍缝。用则左右郎中、度支尚书奏取，印讫输内”。常见的木质印材有黄杨木、银杏、梅根、沉香、伽楠、枣、梨等木。

鲁王之印

4. 动物角骨印章。动物角骨类印章主要有犀牛角、水牛角、羚羊角及象牙等材质印章。犀角昂贵，且表皮粗糙外观不佳，久用变形。犀角印曾在汉代出现，近代人们常选择牛角，有黑色、灰黄色和灰褐色，质地坚硬，是机械刻章的好材料。

犀牛角印章

象牙印章

5. 矿物质印章。矿物印章的质地常见的有玉、石、玛瑙、水晶、煤精等。玉在中国传统文化中占有重要地位。《玉藻》："君子无故玉不离身，盖欲期润缜密之类如式"，秦以前，除金属印章外多用玉，自秦始皇起，天子独用玉，并称之为"玺"。后世的历代皇朝也把玉玺作为皇权统治的象征。

龙钮玉玺

石质印材松脆柔糯，易于入刀，加上刀法不同会产生比其他印材更为丰富的艺术效果，所以深受历代篆刻家的青睐。石材是在相当长的时期内最为重视的一种印材，在书画、篆刻等美学领域内具有极其重要的位置。各类石材由于产地不同，其质地、性能和色泽也各有特点。说起印石就不能不提我国的四大名石，即寿山石、青田石、昌化石、巴林石。古人根据印石的质地、颜色和光泽给印石命名，将半透明或通体明润的印石称之为"冻"，不透明的则称之为"石"。

寿山石产于福建省福州市寿山乡。由于出产坑口不同，寿山石的质地也不尽相同，有些甚至在品性上有很大的差别。寿山石有田坑、水坑和山坑之分。就品质而论，田坑第一，水坑次之，山坑又次之。寿山石品类繁多，常见的有田黄石、桃花冻、玛瑙冻、芙蓉石、高山石等。有"石中之王"雅号的田黄石就是寿山石中的佼佼者，其表层透明色黄，肌里透彻规则，有"黄金易得，田黄难求"之说。

田黄石

田黄石

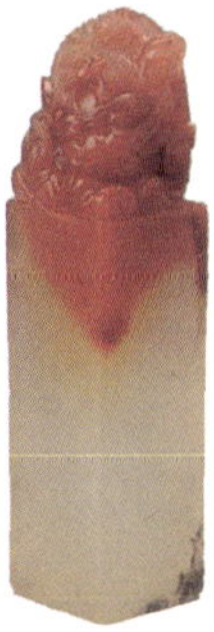

玛瑙冻

芙蓉石

青田石产于浙江省丽水市青田县，因此得名。青田石质地细腻温润，极易篆刻，且刀趣表现力丰富，为篆刻家最爱使用的印材之一。青田石有青、黄、淡红及青灰等色彩，其中以灯光冻、红花彩冻、松花冻较为名贵，上品封门青最为著名。

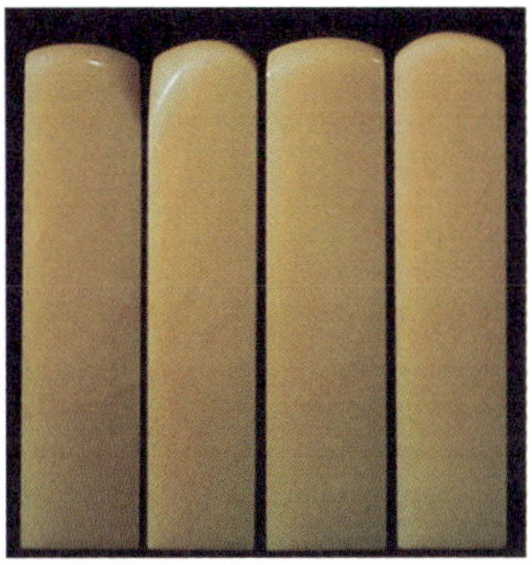

青田石

灯光冻

封门青

昌化石产于浙江省临安市昌化镇，其中以鸡血石最负盛名，因石质中含有硫化汞，外观有酷似鸡血般的鲜红光泽而得名。鸡血石以“鸡血”的颜色纯度、分布、光泽来区分优劣，以血色越多、越鲜、越活、越为珍贵。一方石上如有黑白红3种色块组成，又被称为“刘关张”（即刘备、关羽和张飞之喻）。如一方石上布满鸡血，则有“大红袍”的美称，最为罕见珍贵。

鸡血石

大红袍

巴林石产于内蒙古自治区赤峰市巴林左旗，此石原是作为工艺美术品石雕石刻件的原材料，后被引进试用并由专家鉴定而作为印材。巴林石又分为鸡血石、福黄石、冻石和彩石四大类。

福黄石

福黄石

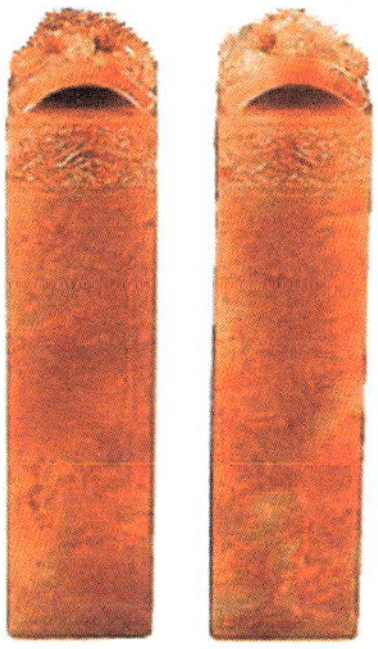

红花冻

鸡血石

石质印材主要具有两种价值。从实用方面说，它可以用来镌刻印章，但同时，它本身又是一件令人赏心悦目的艺术收藏品。因此自古以来就有“一印在手、金石同寿”之说，更从人生吉祥物的角度，诠释了石质印章的意义。

水晶是一种无色透明的大型石英结晶体矿物。它的主要化学成分是二氧化硅。天然水晶又称石英石，在中国最古老的叫法是“水玉”，意谓似水之玉。

西汉水晶印章

第二章

中国古代印章的制作工艺

中国古代印章从属性上可以分为官印和私印两大类，其中官印的印材有玉、金、银、钢等，且多数朝代对官印的材质及规格都有严格的等级划分，如《后汉书》注“卫宏曰：秦以前以金、玉、银为方寸玺，秦以来，天子独称玺，又以玉，群下莫能用得”。

古代印章的制作方法也是代代传承的，虽然各朝代的制章工艺会有所差别，但主流工艺只有铸造、凿刻、琢刻三种。

铸造，是古代熔炼金属制作印章的方法。春秋战国时期青铜器的铸造技术已经很成熟，大到鼎彝，小到玺印，其中战国玺印中铸造而成的占有相当大的比例。

明代甘旸《印章集说》中记载：“铸印有二，曰翻砂，曰拔蜡。翻砂以木为印，覆于砂中，如铸钱之法；拔蜡以蜡为印，刻文制钮于上，以焦泥涂之，外加熟泥，留一孔令干，去其蜡，以铜熔化入之，其文法钮形制俱精妙。”清代姚宴所著《再续三十五举》中也有相关记载：“一翻沙。先刻成一印，将沙泥锤熟和捏在外，候干，剖出印，仍合成留小孔，化铜入之。一拔蜡，以蜡为印，刻篆文制钮。钮下置一，则钮外有一孔。入快火炙之，蜡必由孔熔出。化铜入之。”这就是著名的失蜡法，是当时主要的铸印方法之一。由于事先刻制泥模，所以制印者可以进行精心构图设计、书篆、镌刻和修整，以达到充分表现佩用者和印工的审美要求。另外，浇铸时铜液自然渗挤，阳文玺印的笔画衔接处往往出现“焊接点”，阴文玺印的笔画交叉处少有棱角。这些铸造特点都会使玺印的书法稳妥贴切，线条饱满匀称，笔画浑厚凝重，布局端庄平整，显得遒劲圆润。

铸造印章钮式及印面

凿刻，顾名思义，指的是用制印工具直接在预先制造好的青铜等金属材质或非金属材质印坯上镌刻印文的方法，其成印较快，可临时镌凿，省时省事，故又称“急就印”。

战国时期秦、齐等国玺印多为凿刻，且多为阴文印章，这类印章的印文凿痕显露，线条削瘦挺劲锐利，笔画刚劲，笔画边缘有卷边现象，笔画交叉处有明显的重叠痕迹，印面平整，布局奇险多变。凿印也分为工整与粗率之分，工整者端庄秀丽，粗率者字形欹斜，疤痕显露。

凿刻印章钮式及印面

琢刻，即雕琢，也称碾。这是针对玉质印材的制印方法，所以又称

“琢玉”，也称“铊治”、“碾玉法”。

由于玉石特有的色彩、光泽和肌理使人产生悦目的美感，因此逐渐从工具性石器中分离出来，专用于装饰，显示等级地位，并对玉石不断附加种种精神内涵。许慎《说文解字》释玉为“石之美有五德者”，由此可见一斑。

玉印的制作除少数直接用工具进行镌刻以外，大多是采用“琢”的方式来制作的。琢玉是先通过轮轴带动由质地比玉坚硬的解玉砂制成的磋磨工具徐徐摩擦，再把文字精细地琢碾出来。在印面上琢雕出印章的图文，这种制章工艺使印文笔画细劲、距离匀称，笔画两端起落略呈尖状或方起方收，较其他工艺精湛、细致得多。

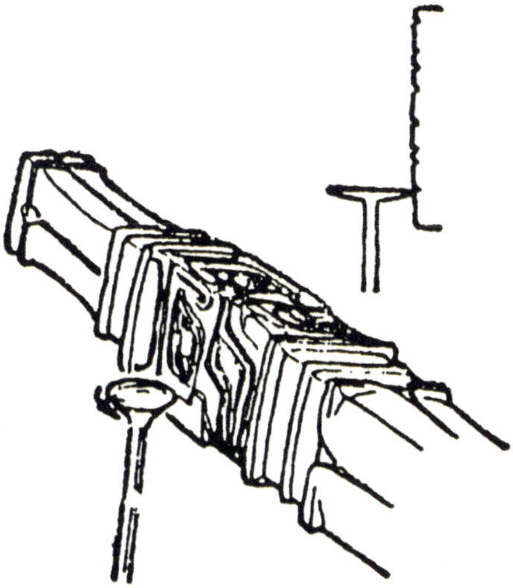

琢玉示意图

第三章

中国古代印章印文鉴定

在中国古代随着文字的出现，造纸术、印刷术的发明，各类伪造文书的案件也随之产生。

中国古代涉诉案件的审理多由行政长官兼任，所以行政长官是集审判员、侦查员、鉴定人于一身的全职人员。古代的行政长官多是由文化程度较高或是经过科举考试的文人担当，依据自己对文字、书法和印章的了解掌握，凭借经验和认知进行检验，或请相关人员辨别佐证，辨别文书的真伪。

我国的文书检验虽早于西方近千年，但长期受仁、义、礼、信的思想影响，重道不重技，文书鉴定在古代未能形成系统研究的学问，也没有专门的研究机构和培训机构，相应的检验案例只零星散见于各类古籍当中。尤其是历代判牍，受文体的限制，文书检验的记载十分简略，大多没有阐述具体的检验方法和检验的依据及科学道理，也没有形成完善的理论体系，但其中也不乏极为高明的文检案例，古人对文书证据的审查思维及方法对今天的文书鉴定仍有较大的借鉴作用。

最早关于印文鉴定的案例出自《折狱龟鉴》（宋·郑克）：王珣少卿知韶州，有告伪为州印者，系狱久不决，吏持其文不类州印，珣为索景德以前旧牍，视其印文则无少异，诬者立雪。盖吏不知印文更时也。[1]

郑克所书按语称：此非告者造诬也，但见其不类而告之耳。所印文书景德时事，当索景德以前旧版校之。吏不思此，乃令久系，亦可怜哉！唯

〔1〕 亦见《棠阴比事·王珣辨印》。

珣尽心，于是获释，不然则必冤死矣。

这是一起关于印章真伪鉴别的典型案例，强调了同时期印文样本的重要性，可见宋代对印章印文检验的认识已有很大提高。印章印文自古就是文件真实性的重要凭证，然而印章自制造、使用到损毁、注销、更换具有较强的时段性特征，与文件中的言语、文字、书写工具、墨水、纸张等各要素共同构成一个系统，若文件中各要素间出现矛盾，则文件的真实性就会存在质疑。

明朝颜俊彦《盟水斋存牍》中记载：审得前部院拿获假勘合一案，屡谳屡异。以事干缴，奏问官未免过于推敲，反多未协。据最初招审称，陈化龙假刻，刘文义、吴必达为之行使，此是铁案。但篆文宛肖而引描摸，且着“摹写字画略似”之语，致来翻驳。律注“伪造俱责令本人当官雕出方坐”，据严加拷讯，止得摹写略似。言略似，即不全似也。何能责其复镂？此问官笔下不一刀两断，以含糊字句，遂起葛藤。然犹与情事不相实也。后一覆而拟两戍，一事二律，不合矣。再覆而拟配道改拟戍，而律例互引，似合矣。乃奉旨覆审，而复概坐“伪造印信”之罪，拟斩则臆也；再奉院驳而复别引“诈为六部文书”之条，拟绞则支也。

夫“伪造印信”重动手雕刻之人，无概坐之法。至“诈为六部文书”，则“套画押字，盗用印信”与伪造迥不同科。即引“指称官员驿递诓骗”之例，二罪俱发从重论，则应从“伪造印信”之律。律例互引，亦未的确。且如他日化龙获到，将引例并戍之乎，则反失之轻；将据律斩之，而又与引例不合，何以成招？

职以不若仍据本律，还二犯以“知情行用”应得之罪，而严缉化龙，到日定辟，以正国宪，此法之当也。法者，天下之平，朝野共守，不容有轻重之见横于胸中。若欲急于还销事件，虑脱逃之不即得，重以为累，而以现犯抵罪，结局则非刑官所敢知也。此事原系肇庆衙门职行，而宪台于以命职，曰虚心覆确，职所以为虚心之语者如此，伏候宪裁招详。

军门王批：依拟，刘文义、吴必达分发东洲、南丰二驿摆站满放，取库收收管。仰候会同具覆缴。

察院高批：以知情行使配二犯，亦非枉纵，但曹英未获伪章之罪，未有归着，恐未便结局耳，姑监候再审。

覆审得假堪合一案，造自曹英之手，刘文义、吴必达其行使之人也，职前审已悉。文义、必达罪止于配，无可复拟。业奉部院批允，定驿在案，院台批再覆审。职再四研鞫，据律推敲，更无能出于前审另立一议也。覆招听夺。

察院梁批：刘文义、吴必达既经军门批允，姑依拟发配，仍即详报军门会覆缴。

关于朱墨时序的案例也比较常见，《折狱龟鉴》中载有“章频辨朱墨”的案例：章频侍御史知彭州九陇县时，眉州大姓孙延世伪为券夺族人田，久不能辨，转运使委频验治之。频曰：“券墨浮朱上，必先盗用印而后书之。”既引伏，狱未上。而其家人复诉于转运使，更命知益州华阳县黄梦松覆按，无所异。[1]

《名公书判清明集·户婚门》中载有《出继子卖本生位业》的故事：“伪契非特假作许氏花押，兼所写字画皆在朱印之上，又无年月，全不成契照，可见作伪之拙。”又如《户婚门·兄弟争业》一案中县令发现“潘祖应”字迹与其他文字“墨迹浓淡不同”，且字迹又书写于“税契朱墨之上”从而认定契书存在添加变造。上述两案皆是通过判断印文与文字的形成次序来认定伪造文书的，可见先书写文字再钤印印文，是正式文书的一贯做法，若朱墨次序颠倒，则文书的真实性就要受到质疑，这一点至少在宋代就已经形成了共识，并能够对朱墨时序进行检验。

《益智编》（明·孙传能）中有一个利用印章破获一起凶杀案的记载：国朝按察使周新初往浙江，道上蝇蚋迎马而聚，尾之，见一暴尸，惟小木布印。及至任，令人市布，得印志同者。鞫之，乃劫布商贼也。悉以其赃召商家给之，家人大惊，始知其死于贼也。

《明史》卷一百三十九《郑士利传》中记述了这样一个案例：郑士利字好义，宁海人。兄士元，刚直有才学，由进士历官湖广按察使佥事。会考校钱谷册书，空印事觉。凡主印者论死，佐贰以上戍边。士元亦坐是系狱。时帝方盛怒，以为欺罔，丞相、御史莫敢谏。士利乃为书数千言，言数事，而于空印事尤详。曰：“陛下欲深罪空印者，恐奸吏得挟空印纸，为文移以

[1] 亦见“棠阴比事·章辨朱墨”，载《宋史·章频传》。

虐民耳。夫文移必完印乃可。今考较书册，乃合两缝印，非一印一纸比。纵得之，亦不能行，况不可得乎？钱谷之数，府必合省，省必合部，数难悬决，至部乃定。省府去部远者六七千里，近亦三四千里，册成而后用印，往返非期年不可。以故先印而后书，此权宜之务，所从来久，何足深罪？且国家立法，必先明示天下而后罪犯法者，以其故犯也。自立国至今，未尝有空印之律。有司相承，不知其罪。今一旦诛之，何以使受诛者无词？朝廷求贤士，置庶位，得之甚难。位至郡守，皆数十年所成就。通达廉明之士，非如草菅然，可刈而复生也。陛下奈何以不足罪之罪，而坏足用之材乎？”帝览书，大怒，下丞相、御史杂问，究主使者。士利笑曰：“顾吾书足用否耳。吾业为国家言事，自分必死，谁为我谋？”狱具，与士元皆输作江浦，而空印者竟多不免。

众多古籍中涉及了不少的文书鉴定案例，但多没有记述检验方法和科学依据，实属遗憾。

第四章

中国现代印章的分类

现代印章的种类繁多，功用也各不相同，针对现代印章的不同特点可以进行多角度的分析研究，本书根据印章的8种不同属性对其进行分类。

一、按印章性质与用途分类

印章性质与用途是印章所代表的单位及使用效力的一种分类标准，可将印章分为公章、名章和其他类型章。

印章是国家机关、企事业单位和公民为了证明文书内容的真实性、有效性或表明权力的一种印迹工具。中华人民共和国成立以后，官印统称为公章，私印称为名章。

根据我国有关的法律法规规章及规范性文件的规定，印章包括公章和具有法律效力的法定代表人名章。

1. 公章是指国家党政机关、司法、参政议事、军队、武警、民主党派、工会、共青团、妇女联合会等机关、团体，企事业单位，民政部门登记的民间组织，居（村）民委员会和各议事协调机构及非常设机构的法定名称章和冠以法定名称的财务、税务、合同、发票等业务专用章。

2. 名章是镌刻有个人姓名的印章，法定代表人的名章应登记备案，由专人保管，并按规定使用。

上述两类印章印文是司法鉴定中主要的检验对象，尤其是公章。除此之外，还有各种各样的业务章及闲章等。

二、按印章材质分类

印章材质分类是指按照用来制作印章的材料种类进行分类的一种标准。根据印章的材质可将现代印章分为金属类、动物角骨类、矿物质类、木质类、橡胶、塑料、树脂及其他新型材质类印章。以下着重叙述橡胶、塑料、树脂这三种类型的印章。

1. 橡胶，是高弹性的高分子化合物，具有弹性、绝缘性、不透水和空气的特性，橡胶可分为天然橡胶与合成橡胶 2 种。天然橡胶是从橡胶树、橡胶草等植物中提取胶乳后加工制成。合成橡胶则由各种单体经聚合反应而得。因橡胶具有一定的弹性，由其制作的印章在用力盖印时印面能够与载体充分接触，盖印印文清晰、完整，不易出现“盲字”。

2. 塑料，为合成的高分子化合物，又可称为高分子或巨分子，可以自由改变形体样式，是利用单体原料以合成或缩合反应聚合而成的材料，由合成树脂及填料、增塑剂、稳定剂、润滑剂、色料等添加剂组成。

3. 树脂，分为天然树脂和人工合成树脂，天然树脂是一种固体或半固体无定型不溶于水的物质，常为植物渗出物，如松脂（俗称松油）。

三、按印油使用方式分类

按印油使用方式可将现代印章分为蘸印印章（章墨分离印章）、储墨印章（渗透型印章或章墨一体印章）和无印油印章三大类。

1. 蘸印印章，是利用物质转移原理，用印章蘸取印油（泥），再将转印到印面上的印油再次转印到纸张上完成捺印的印章。蘸印印章又可分为手动蘸印印章和回墨印章。

手动蘸印印章是指使用时手持印章在印台上蘸取印油（泥）后再盖印的传统型印章。回墨印章是一种在印体内安置有一枚小型印台，使用时印面翻转自动蘸取印油后盖印的印章。

印台与橡胶印章

回墨印章

2. 储墨印章，也称渗透型印章，是指不需蘸印油（泥）即可使用的一种章墨一体的印章，也称自含墨印章。储墨印章是利用印材的储墨特性实现的，当前的渗透型印章有成型粉热压印章（旧式原子印章）、激光雕刻原子印章和光敏印章。

成型粉热压印章（旧式原子印章）

原子印章

光敏印章

3. 无印油印章，是指无需印油等介质，直接在承痕体上印压留下立体印迹的印章，常见的有钢印和火漆印。钢印又分为手动和电动两种，是用黄铜或合金钢刻制的上下阴阳两块印模组成的金属印章。无印油印章是政府等权威部门专门使用的，用于鉴别证件，文书和文件真伪的重要印鉴，通常盖在专用的文书或证件上，无需印油，只有凸起的文字、数字和图记。

手动钢印

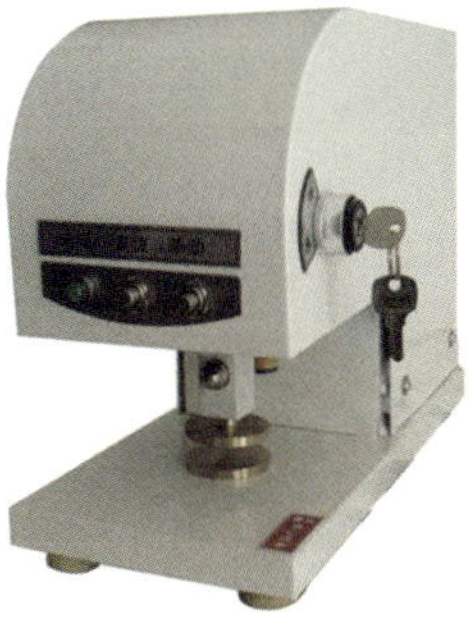

电动钢印

火漆印

四、按印文形状分类

根据印章盖印所形成的印文形状可将印章分为圆形印章、椭圆形印章、方形印章、矩形印章、三角形印章、菱形印章及不规则形印章，其中又可根据边框数量分为单边框印章、复边框印章、多边框印章及无边框印章。

圆形单边框印文（无编码）

圆形单边框印文（无编码）

圆形单边框印文（有编码）

圆形单边框印文（民族地区）

圆形单边框印文（民族地区）

圆形单边框印文（民族地区）

圆形复边框印文（无编码）

圆形复边框印文（有编码）

圆形多边框印文（无编码）

圆形多边框印文（有编码）

中心非五星图标印文

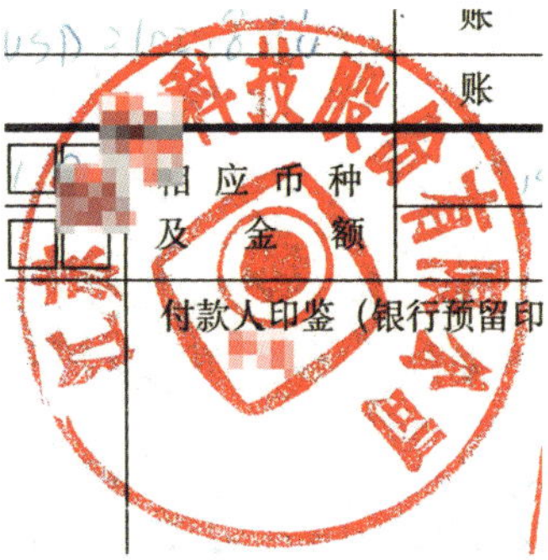

中心非五星图标印文

椭圆形单边框印文（无编码）

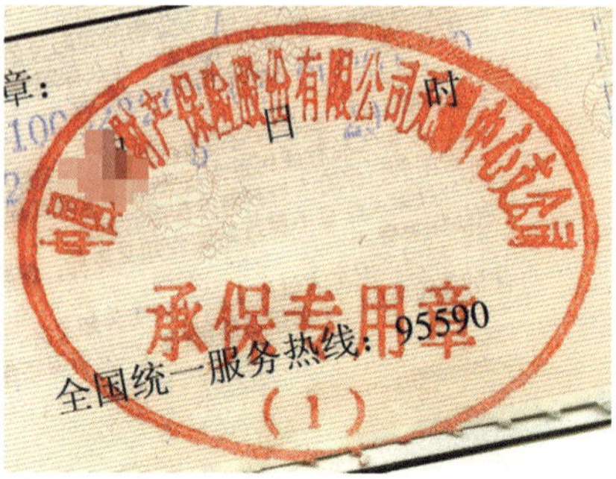

椭圆形单边框印文（无编码）

椭圆形多边框印文（无编码）

椭圆形多边框印文（有编码）

方形单边框印文（无编码）

方形单边框印文（有编码）

方形单框私印（两字）

方形单框私印（两字）

方形单框私印（三字）

方形单框私印（三字带编码）

方形单框私印（三字）

方形单框私印（三字）

方形单框私印（四字）

方形单框私印（四字）

方形单框私印（四字阴文）

方形单框私印（四字带编码）

矩形单框私印（三字）

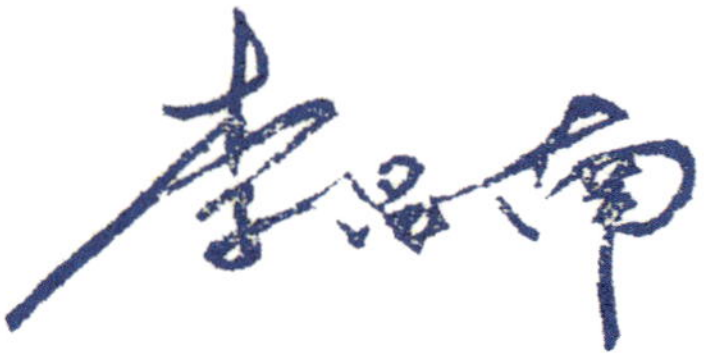

无边框印章印文

五、按印文有无编码分类

根据印章印文有无编码可分为有编码印章和无编码印章。

2000 年 4 月 25 日，公安部发布了《印章治安管理信息系统标准》（GA 241.1～241.9－2000），规定印章编码由 13 位字符或数字组成，编码从左到右的含义是：第 1～6 位是印章的审批单位编码，第 7～13 位由各地公安部门归口管理单位自定。2000 年 12 月 13 日，公安部治安管理局下发文件，明确了印章编码的使用范围，即除人民政府、政协和部队外，企事业单位、院校、社会团体和民办非企业机构（包括立法机关和司法机关的部门公章）刻制印章时，一律按照2000年7月5日公安部颁布的《印章质量规范与检测方法》（GA241.9－2000）的要求在印章上制作印章编码，其中单位的钢印暂时不使用印章编码。同时，要求每位编码数字的高度1.2mm，宽度1mm，字中心距离2mm，均匀排列在章面的正下方，每位数字的下端与章面内边的距离为1mm；误差允许范围±10%。

然而，在实践中经常遇到需要设置编码而没有制作编码的不符合规范的印章，如手工雕刻印章。2000年以后制作的无编码的非规范印章均是没有在公安机关备案的，因此在鉴定时要全面细致地收集样本材料。

六、按印面的整体性分类

按照印面是否具有整体不可分性可以分为固定印面印章、日期印章和活字组合印章等。

1. 固定印面印章，即章面不可变动的印章，日常所见的公章、私章等均为这类印章。

2. 日期印章，又叫号码章，是指印面中的日期或号码可按需求进行变动的印章，其章体内的特殊架构使其号码或日期可以变动，适用于银行、邮政等特定业务部门使用。

银行业务章印文

邮　戳

3. 活字组合印章，又称活字牙印章，多为橡胶材质，分橡胶字粒和固定板两部分，可把固定图案、中文字、英文字母、符号等字符做成单个或多个活动的字粒，根据具体需要组合内容，可广泛用于盖印商品批号、检验、出厂日期、外包装标识、有效期限等常需变更印字的场合。

活字组合印章

橡胶字粒与固定板

七、按使用方式分类

使用方式是根据一枚印章能否独立使用来达到某种功用的分类方法，通常情况可分为独立使用印章和填注式印章，填注式印章又分为授权签字章和签注印章。

1. 独立使用印章，是指独立使用即能具有某种法律效力或功能的印章，常见的公章、私章等皆属这类印章。

2. 授权签字章，是港澳台地区及国外企业常用的授权人签名章，又称为商务签名章。目前大陆地区一般正式文书中很少用到签名章，但在外资或港资企业的签署文件中经常见到，签名章的内容及排版方式都有明确规定，中间空白部位由授权人亲笔签名，印文颜色为蓝色。

授权签名章印文

3. 签注印章，常见于查询章、确认章等专用业务印章，用于标注经办日期和经办人等信息。

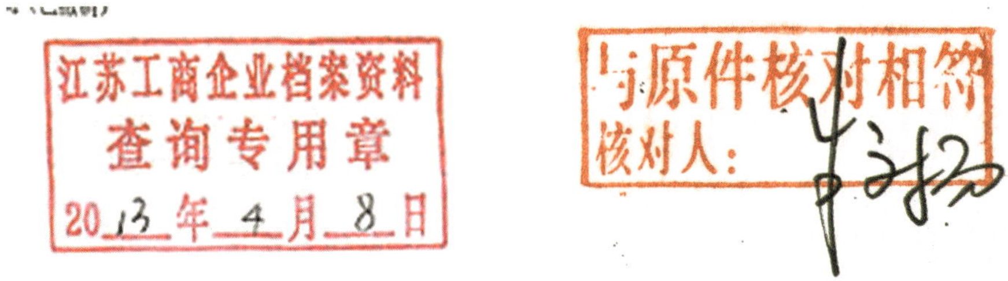

签注印章印文

八、按印章制作工艺分类

现代印章的制作是在继承了传统的手工雕刻技术的基础上，逐渐形成的以制版技术和光电技术为核心的制章工艺。现代科技的日新月异促成了印章制作工艺的多样化与技术化。印章的制作工艺通常分为雕刻法（手工雕刻、机械雕刻、激光雕刻）、成型粉热压法、光敏法、腐蚀法、注塑法以及各类防伪型印章等。

印章的分类多种多样，而对印文捺印质量及特征影响最大的是印章的材质与制作工艺，认识各类印章的制作工艺及印文特点对印章印文鉴定有着极其重要的意义。同时，当下对印章的称谓存在严重的混乱现象，有必要将现代的制章工艺进行科学系统的分类。

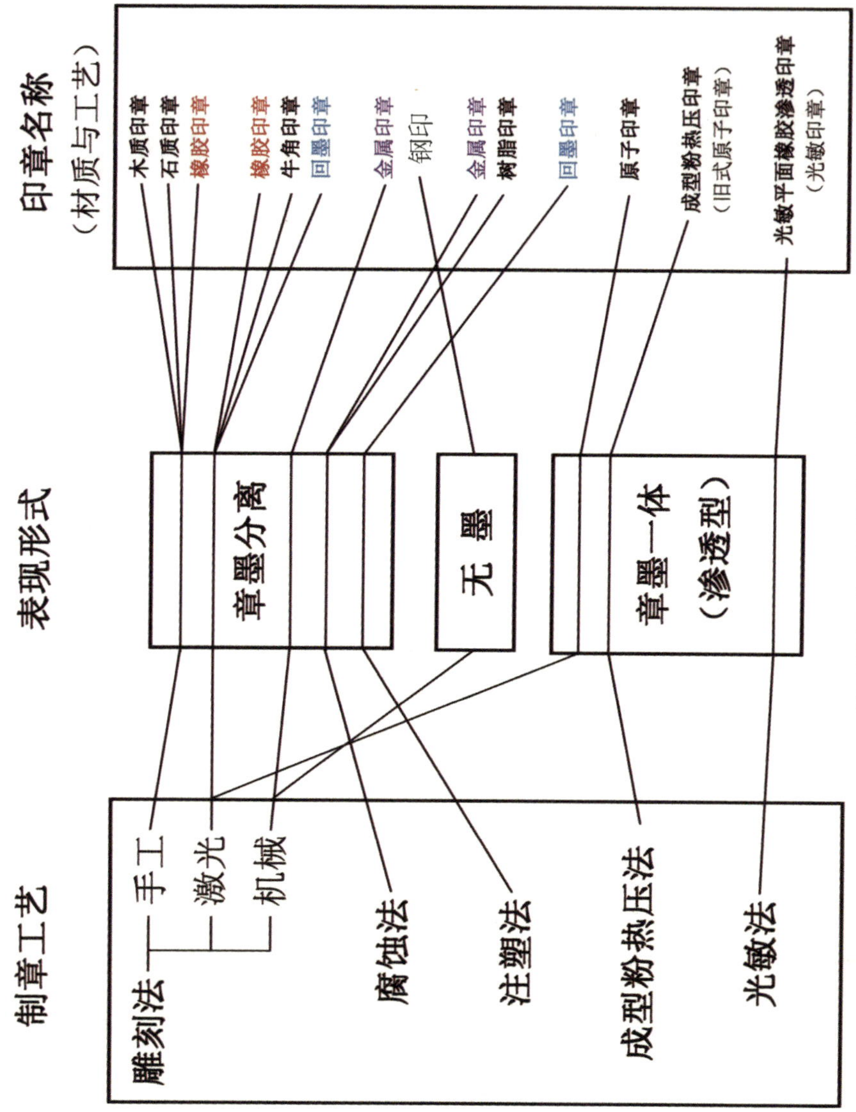

按制章工艺对印章的分类图

第五章

手工雕刻印章

中国印章，其实质内涵是由以某种印材为物质基础的玺印本身以及印章的篆刻艺术两大部分组成。篆刻是我国独特的传统艺术，古代雕刻篆字印章的方法，又称“治印”，是书法与镌刻相结合，用来制作印章的特有的艺术形式。

在激光雕刻印章等现代化制章工艺出现以前，各种形制的印章主要是靠手工雕刻来完成的，手工是传统的印章雕刻方式，主要选择木质、石料、橡塑等容易入刀的印材。“篆刻”可简单地理解为“篆”（文字）与“刻”(雕刻)，在篆刻艺术中讲求字法、章法和刀法，并称“篆刻三法”。在现代印章制作中，尤其是公章的制作将篆刻三法的艺术标准大大降低了，其执行的是由政府机构颁布的印章刻制标准。

手工雕刻首先将待刻文字用反写法或水印法写印于印坯印面，再根据所需阴文印还是阳文印运用刻刀刻制出所需的印章。雕刻所需工具主要有刻刀（印刀）、印床、印规、镜子、砂纸等。

印刀是雕刻的主要工具。它的粗细、长短、轻重和刀角的大小、锐钝、平斜，都将直接影响到刻印的效果。选用印刀如同写字时选用书写工具一样，会直接影响书写的表现力。当然其中还有熟练程度和雕刻风格的影响。手工雕刻的印章印文极具个人风格特色，也具有极好的防伪性能。

印 刀

印床是用来固定印章的，以便镌刻时省力，尤其在雕刻质地较坚硬的印材或者体积较小的印材时更为有效。一般镌刻质地偏软的印材，如青田石、寿山石等，或者雕刻体积较大的印章时，也可以左手扶持而不用印床。印床有木制和金属制 2 种，一般以木制者为好。

印 床

手持雕刻

目前在制章行业已很难见到手工雕刻印章了，但在书画篆刻艺术领域其依然具有较强的生命力。在 2009 年 9 月 28 日举办的联合国教科文组织保护非物质文化遗产政府间委员会第四次会议上，中国申报的中国书法、中国篆刻、中国雕版印刷等 22 个项目入选“人类非物质文化遗产代表作名录”。

第一节 木质印章及印文特征

木质印章以各种木料作为印材，其所用木质按取材部位又可分为芯材

（木材的中心部位）和边材（木材的外层部位）。木材作为一种植物性材料，是由植物细胞构成的，细胞内水分的盈亏会导致木质印章的胀缩变化。一般而言，芯材部位木质纤维紧密，变化较小，边材部位木质纤维疏松，变化较大。

木质印章在使用过程中长期经受印油的浸润或使用保存的环境中空气湿度较大，就会使印章膨胀。据《中国刑事科学技术大全·文件检验》著述，木质印章使用 1 年以后印面可增大 3% ~5%，2 年以后可达到 5% ~8%，但膨胀到一定程度，达到饱和状态后就不再膨胀。当印章长期不用或保存环境干燥又可导致印面缩小，但膨胀后再缩小的，一般不会小于刚启用时的尺寸。好的制印木材变化较小，也较为难得，较好的印材主要有黄杨木、紫檀木、鸡翅木、乌木等名贵木材。

木质印章受外界条件影响，容易出现膨胀、紧缩变化，甚至开裂，影响印面的大小、印文的形态等。这是在鉴定木质印章印文真伪时要着重考虑的变化因素，但这种变化也为鉴定印文形成时间提供了一种方法。

因木质纤维韧而腻刀，故多用薄刃斜口，刻刀刃薄锋利，易于刻制，斜刃主要用于拉切，横竖切割，均容易切断木质纤维，刻痕整齐。薄刃切入木质而没有木屑产生，收刀后木质纤维再次合拢。因这一特性使得很多雕刻人不考虑笔画交接处的留刀，不讲求刀法、章法，否则就会使印文显得呆板，并且笔画中留有刀痕。

木质印章

木质印章印文具有以下特点：印文的字体是制章人手书的非规范印刷

字体，受制章人的雕刻水平、刻刀、材质等多方面的影响，文字笔画容易僵硬，相同文字或部首的表现也有较大差异，印文的边框粗细不均，缺少规范性，印文字体常能够体现制章人的制章风格。文字图案上容易出现刀痕，尤其是五角星图案或边框部分，印文空白部位雕刻偏浅时会出现残留的底痕，因使用或者保存不当还会造成胀裂等现象。现在已很少见到使用木质印章。

第二节　石质印章及印文特征

石质印章以各种石料作为印材，出现较早，其中又以明清为盛。明代朱简在《印经》中论及："碑鼓所遗，鼎彝所识，惟金石是则。爰契以蕃，分隶代兴，惟金石是证，作渊源。"

入印的石料要求细腻温润，易于篆刻，并能够表现出苍劲郁勃、酣畅淋漓的金石气韵，能尽显笔墨之韵味。

石质印章与印文

石质印章印文具有以下特点：印文的字体是制章人手书的非规范印刷体，其规格没有严格限制，取决于制章人的雕刻水平和制章风格。印文生动活泼、不死板，印文的质量与石料种类、印泥质量等多种因素息息相关。

目前使用的公章、法人章中极难见到石质印章，石质印章主要集中于书法绘画和篆刻领域，是非司法鉴定的主要研究对象。

第三节 手工雕刻橡胶印章及印文特征

橡胶印章是近代才出现的一种新型印材印章，橡胶印材又称胶章坯。橡胶是取自橡胶树、橡胶草等植物的胶乳，加工后制成的具有弹性、绝缘性、不透水和空气的高分子化合物。橡胶又分为天然橡胶与合成橡胶两种。天然橡胶是从橡胶树、橡胶草等植物中提取胶质后加工制成的；合成橡胶则由各种单体经聚合反应而得。作为印材使用的橡胶都是合成橡胶。

作为印材的章坯有圆形、椭圆形、方形、矩形和三角形等多种规格形状，章体呈红色，色彩鲜艳，印材软硬适中，易于镌刻，章印的印文轮廓清晰，细节特征反映明显。

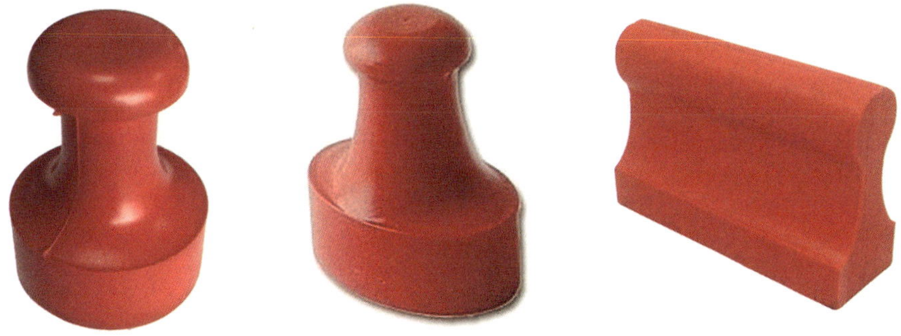

橡胶印章

橡胶质地较软，当刻刀切入时印材没有橡胶屑产生，与木质印材相似，因此很多雕刻人不过多地讲求刀法、章法，否则就使印文呆板，笔画中留有刀痕。

手工雕刻印章印面特征

一、手工雕刻橡胶印章印文的非规范印刷字体特征

印文的字体是制章人手书的非规范印刷字体，相同文字或部首的形态也会表现不同，存在细节差异，笔画线条粗细不均，直线不直，弧线不圆，边角尖锐，转折生硬，文字布局不匀称，五角星图案或文字笔画交叉处常有过刀痕迹。受制章人的雕刻水平、刻刀、材质等多方面因素的影响，文字笔画容易僵硬，印文的边框粗细不均，常能够体现出制章人的制章风格。

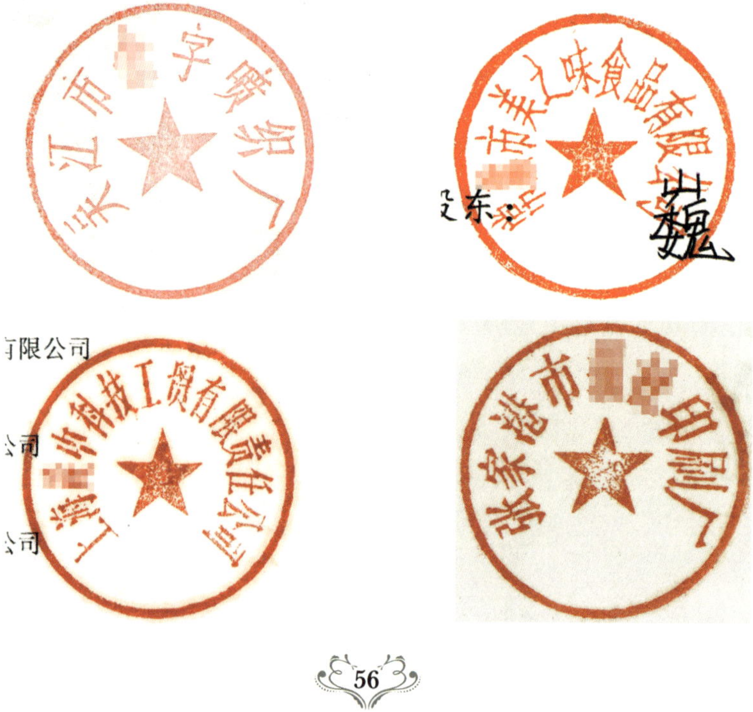

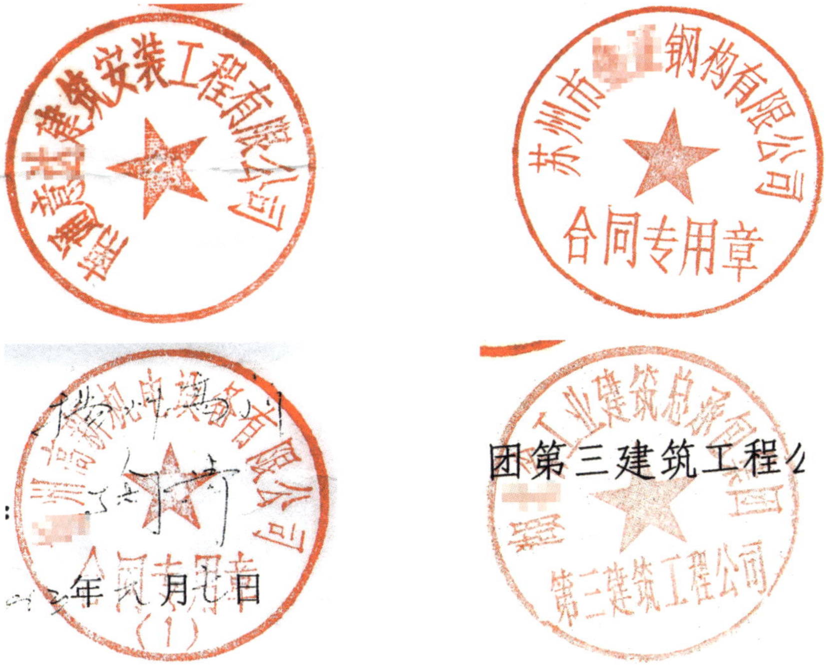

印文字体特征

二、手工雕刻橡胶印章印文的五角星特征

因刻章人不讲求刀法或操作失误，容易在文字图案上尤其是五角星图案或边框部分出现刀痕、圆规支点痕迹，印文空白部位在印章底面雕刻偏浅时还会出现残留的底痕。

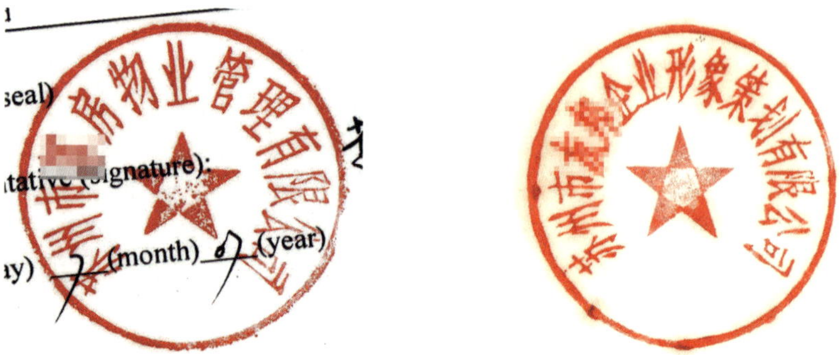

五角星过刀痕迹特征（1）

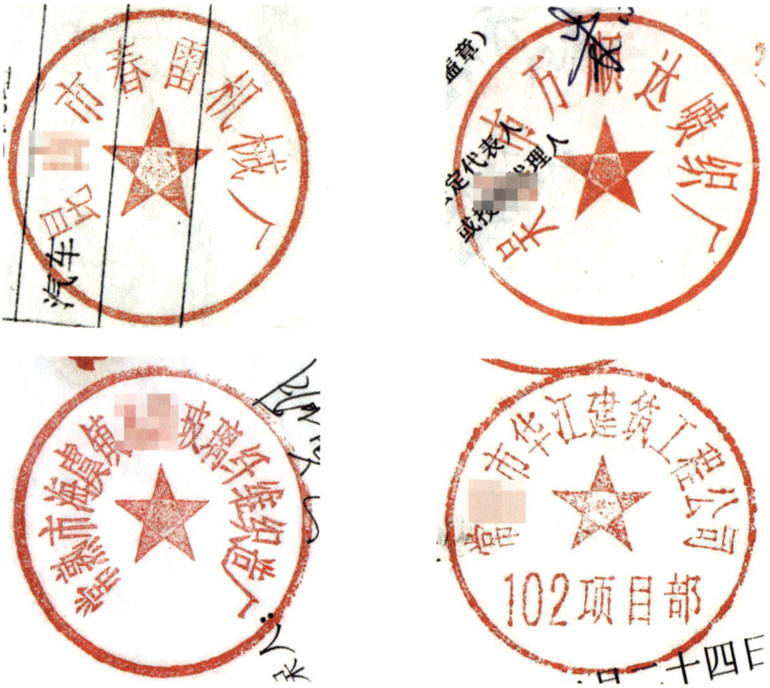

五角星过刀痕迹特征（2）

刻章人在处理交叉笔画时往往会沿笔画边缘逐步雕刻，使印文文字笔画过渡自然、完整，但也有些刻章人采取沿单笔笔画边缘切刻的方式雕刻，这样就使交叉笔画上多出切割线条。当蘸印印油量偏少，盖印力度适中时显现明显，产生印油聚集，缺乏美感和严肃性，当印油量较多时刀痕不明显。

笔画交叉处过刀痕迹特征

三、手工雕刻橡胶印章印文的边框特征

由于手工雕刻所用刻刀皆为直刃，在刻画圆形边框时刻刀的力度和角度不易控制，容易在圆形边框上出现平直刻痕，因此在手工雕刻印章中经常出现圆形边框不规整的现象，非正圆形，有棱角感或边框粗细不均。

印文边框特征

四、手工雕刻橡胶印章印文的圆点露白特征

手工雕刻时为了使印章圆形边框圆润、规范，刻章人会使用圆规在橡胶印坯上印画边框，这样就会在印章中心部位（多为五角星中心）留有圆规支点痕迹，表现在印文中是一处类似圆点的露白点。

印文五角星露白点特征

因手工雕刻制章效率低，印章质量远不及机械雕刻，且不符合现代公章刻制的要求[1]，除在金石、书画艺术领域外现已很难在正式场合见到手工雕刻印章。现在的手工雕刻主要运用于篆刻、书画艺术等领域，注重的是印章的个性化与艺术性的表现。

---

〔1〕 2000年9月1日公安部颁布施行的《印章质量规范与检测方法》（GA 241.9－2000）。

第六章

成型粉热压印章

第一节 成型粉热压印章的制作工艺

成型粉热压印章是老式原子印章的学称。当前，业界对原子印章和渗透印章的定义较为混乱，在各种著作及论文中存在着不同的说法，指代的印章也各不相同。

最早的原子印章（成型粉热压印章）制作是在20世纪80年代中期由轻工业部工艺美术总公司通过香港从美国引进的70年代的制章技术，是一种成型热压印章技术。首先根据要求制作印模，印模通常采用照相制版或激光雕刻的方法，再于凹版印模中加入原子印粉和印油压铸而成，一次成型后不能反复加墨使用，油干章毁，属于一种“一次性印章”。

在当时，原子印章具有手工雕刻印章不可比拟的优点，工艺先进、新颖、字体规范、印迹清晰、无需印台且即印即干，不易造成擦触和转印痕迹，安全卫生，一时间在各大中城市广泛使用。但很快在使用过程中逐渐暴露了它致命的缺陷和弱点，随着使用次数的增加和使用时间的增长，印模中印油慢慢损耗而导致印章印面缩小、变形。印文遇潮湿易洇散褪色变淡，影响清晰度。制作用时较长，进口原子印油昂贵，成本较高。因上述诸多因素的制约，其防伪性不强，从1988年开始，全国银行系统禁止使用原子印章作为印鉴。自此原子印章渐渐退出市场，现在已很难见到其身影，在此只作一般性介绍。

其制作工艺流程可分为印文制稿、照相制版、压模成型、部件组装等四个步骤。

首先，将设计好的印章图文式样打印制成墨稿，再通过照相缩扩成符合规格的黑白反差明显的底片。晾干后，取一块大小合适的锌板，进行磨版、上胶、暗反应、晒版、洗版、显影、烤版、腐蚀等流程，制作成凸型版，再将凸型版与字模版组合热压成凹型版，即所称的母版。其次，将原子印粉和原子印油混合，盖上底壳版，恒温加压，制成印面凸起的油质章坯。最后，选取合适的印章外壳，将印坯牢固地粘贴在印章壳内，一枚印章即制作完成。

成型粉热压印章与印文

第二节　成型粉热压印章的印文特征

一、字体、字形特征

成型粉热压印章印稿多由电脑打印制作，使用规范性印刷字体，不同电脑或不同制章软件的字库可能存在差异，同体字的字形也可能存在差异。

二、制章瑕疵特征

打印印稿时产生的各种打印瑕疵会在印章印面上出现相应的印迹反映，制模版时紫外线照射不均或分离模版时有划伤或碰伤会使印章印文出现断笔、豁口和划痕特征。

三、印油特征

成型粉热压印章属章墨一体型印章，使用的是专用印油，其印油的成分及理化特性与普通印泥、印油存在差别。

四、老化特征

印章随着使用次数的增多，印面体印油逐渐减少，因硫化工艺的影响，印面体容易出现磨损、掉渣，笔画增粗和缺失会导致严重的不稳定性。

第七章

激光雕刻印章

第一节 激光雕刻橡胶印章及印文特征

激光雕刻是现代制章业中最重要的制章方式之一，占有较大部分的制章比例。1995 年，华中科技大学在激光雕刻技术研究方面取得突破，利用激光雕刻技术制作印章具有操作便捷、用时短、印文规范等优点，并迅速在中国制章行业中得到普及。

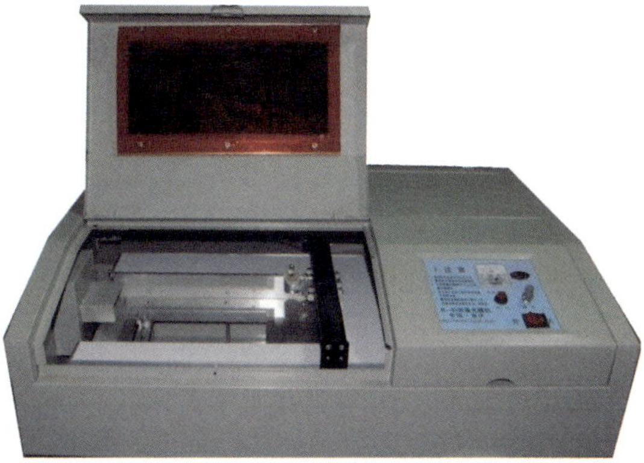

激光刻章机

激光雕刻主要是指使用激光印章雕刻机雕刻印章，利用激光的热效应烧灼掉物体表面材料从而留下永久标记的技术。激光印章雕刻机是集激光、精密机械、计算机等技术于一体的刻制设备。在计算机印章制作软件中编辑完成印文式样，再利用电脑驱动程序控制激光器在工作台上对印坯进行灼刻。激光雕刻机将激光束聚焦，使直径小于0.1mm，这时能量密度极高的激光束照射在印材表面，一部分从印材表面反射，一部分经传导进入印材内部，光能被印材吸收，转换成热能，使照射区域的温度迅速升高，印材被“灼烧”至汽化，汽化点处形成凹点，制作出所需要的图形、文字，这一被灼烧的部分就是印章印文的“阴文”。常运用激光刻制的印材主要有角骨类印材和橡塑类印材。

激光刻制牛角印章

激光刻制橡胶印章

橡胶作为印材具有得天独厚的优越条件，其造价低廉，自身的弹性可使印章盖印清晰，因此成为制章的首选印材，得以迅速普及。激光雕刻方便快捷，立等可取，更使其优势突显。

一、激光雕刻橡胶印章印文的一般特征

激光雕刻印章制作规范、规格统一，符合《印章质量规范与检测方法》（GA 241.9－2000）的要求，且制作用时较短，方便、快捷，自动化程度高，制作的印章字体字形规范，布局整齐、美观。

激光雕刻橡胶印章印面特征

因橡胶印材具有一定的弹性，所以在盖印时印面与纸张能够充分接触，印迹清晰，盖印质量较好。

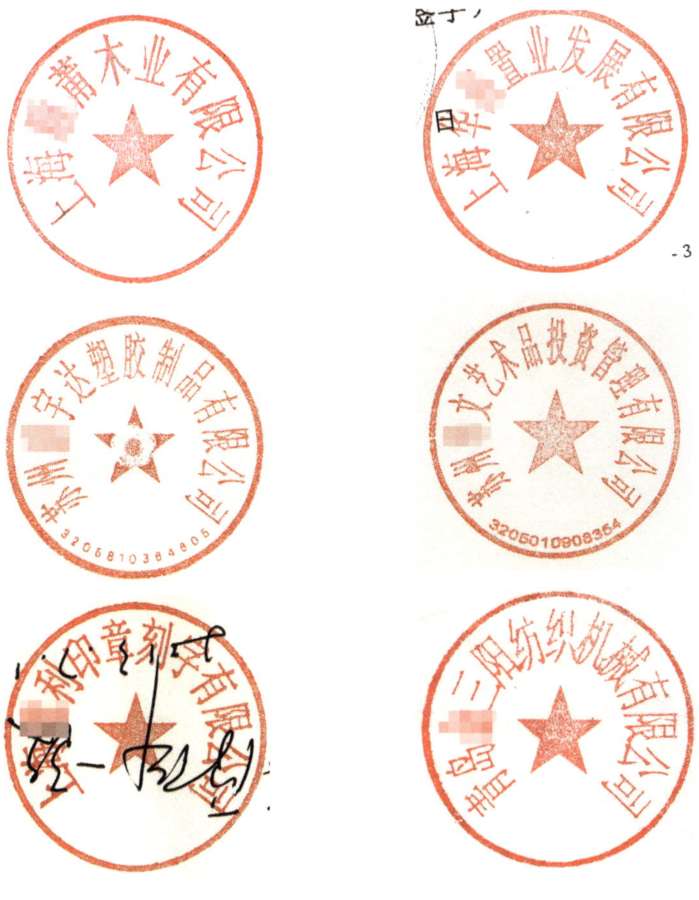

激光雕刻橡胶印章印文特征

二、激光雕刻橡胶印章印文的底纹特征

当激光雕刻机雕刻深度较浅或盖印时，若衬垫物较软，常会导致盖印后的印文留白处出现脏印现象，可以显示出雕刻线条的浓密和雕刻方向，根据刻章软件的功能可以将激光器设置为横向刻制或纵向刻制。造成这种特征的主要原因在于雕刻机雕刻时速度过快、间隔较大，或是长时间的工作导致镜片表面不干净，使镜片的反射能力和聚焦能力降低。另外，激光雕刻机的光路偏出也可能导致这种现象。

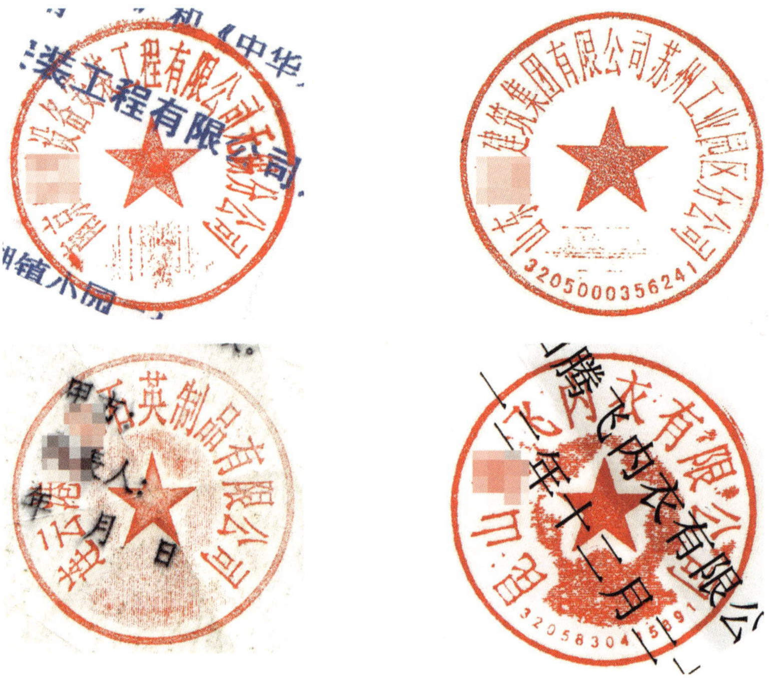

橡胶印章印文的底纹特征

三、激光雕刻橡胶印章印文笔画露白特征

当激光器强度过强，产生高热，会在笔画上出现灼刻的焦化痕迹，在橡胶印章笔画中出现露白，尤其是笔画的起收笔位置，同时也可导致细小笔画的断裂、断续。

印章笔画露白特征在印面中的反映

印章笔画露白特征在印文中的反映

印文笔画露白特征

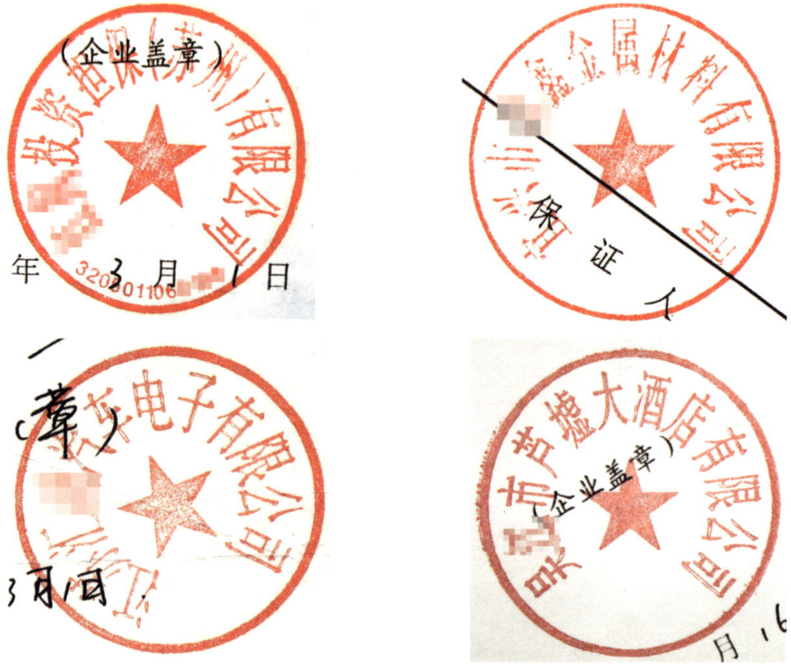

印文笔画露白特征（续）

四、橡胶印章的老化特征

橡胶印章属于蘸印（油）印章，需配合印台使用，在长期的使用过程中（尤其是印章长期侵于印台之内），印面胶体与印油发生反应，造成印面收缩，印文规格变小，还可能使印面凹陷，在盖印力度偏轻的情况下，五角星图案印迹浅淡甚至没有反映。

新刻印章

老化印章

橡胶印章印面紧缩与凹陷

印面材质紧缩、变硬，章体逐渐失去弹性，图文边缘磨损，渐渐模糊，欠分明，印面光滑，印油吸附能力减弱，导致盖印印文不够清晰。

橡胶印章印面

印　文

第二节　橡塑印章及印文特征

橡塑是橡胶和塑料的统称，都是石油的附属产物，但两者的制成过程和物理特性不同。本书中“橡塑印章”的提法不是以印坯理化特性为研究目的，而是旨在说明印面特征。有些印坯在制作时会在印面产生螺旋纹或同心圆纹，在不做任何处理就直接刻制的情况下，盖印出的印文会出现固有的螺旋纹或同心圆印迹，本书将具有这两种典型特征的印章暂定名为橡塑印章。

螺旋纹与同心圆纹的出现是判断印材种类、制作工艺的重要依据，其出现的位置、大小、形态等特征无法被仿制，在印文鉴定中是利用价值较高的一类特征。

橡塑印章印文螺旋纹痕迹特征

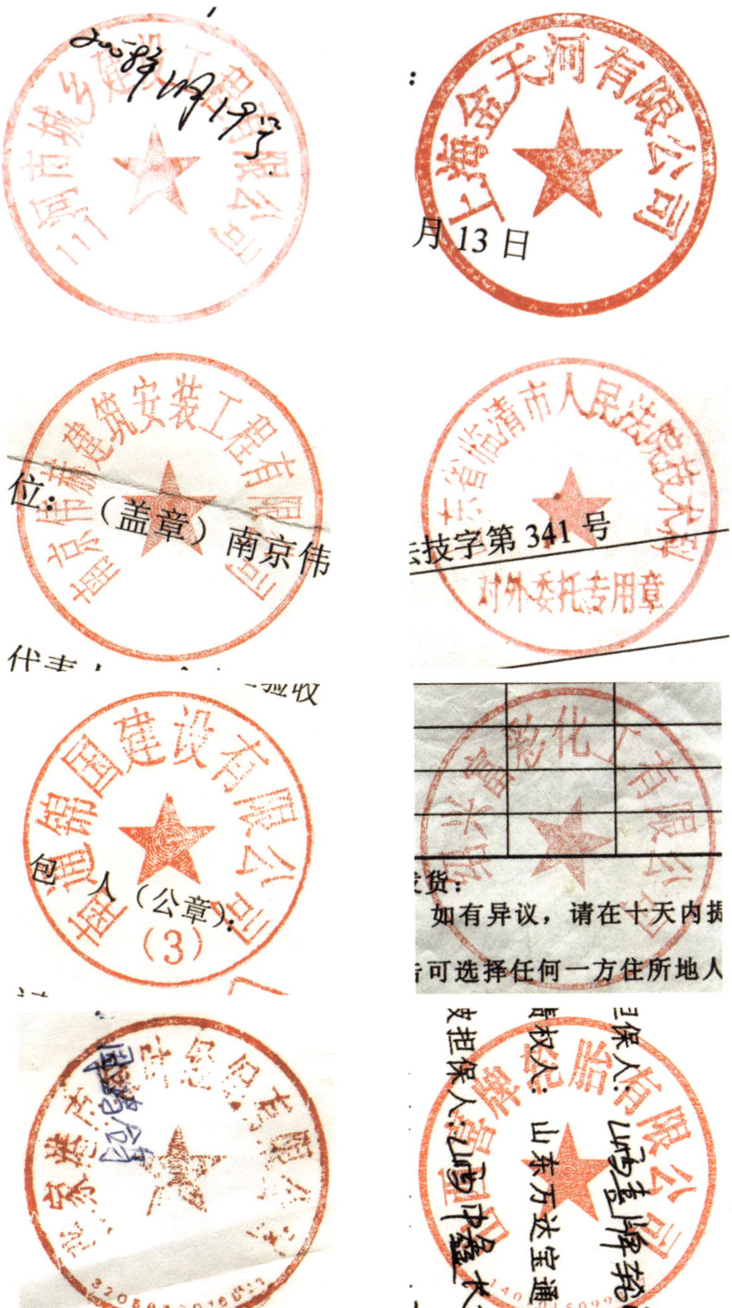

橡塑印章印文同心圆纹路痕迹特征

橡塑印材制作污染成本较高，尤其对空气的污染影响非常大，在利用激光器刻制印章的过程中也会产生大量刺鼻的有毒物质。在我国的发达地区已逐步弃用这种印材，用环保印材进行替代。

第三节　角骨印章及印文特征

角骨印章是以动物的犄角或其他骨质作为印材雕刻的印章。其中又以牛角最为常见，黄牛角呈黑色，水牛角呈灰褐色，质地坚硬，不便以手工刻制，但较适合于激光刻制，激光雕刻的牛角印章经久耐用，不易变形。

牛角印章印面

一、激光雕刻角骨印章印文的一般特征

激光雕刻印章用时较短，方便、快捷，自动化程度高，制作的印章字体规范，布局整齐，盖印质量好。因印材质地坚硬，在较硬的衬垫物上盖印时常会出现露白特征。

牛角印章印文

二、激光雕刻牛角印章印文的笔画特征

激光器有横向和纵向两种雕刻路径设置，逐行或逐列灼刻，与灼刻路径平行的印文笔画边缘平直、整齐，而路径与印文交错存在一定角度的笔画边缘就会出现阶梯状、锯齿状或毛刺状的痕迹特征，这与激光束的直径、印材质地、密度等因素有关。笔画与雕刻路径的夹角越小阶梯状痕迹越明显，在没有印章雕刻底纹出现的情况下也可根据锯齿痕的形态判断印章的激光刻制方向。

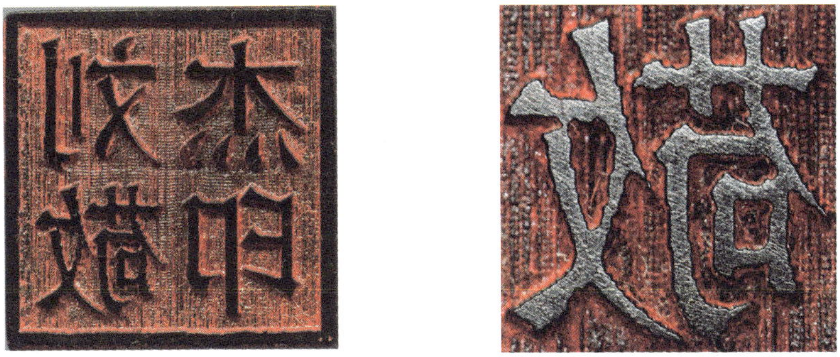

激光雕刻牛角印章印面

印章翻转图像

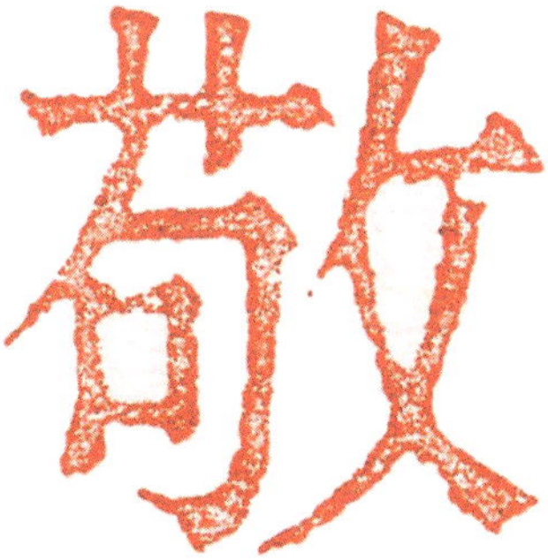

印文

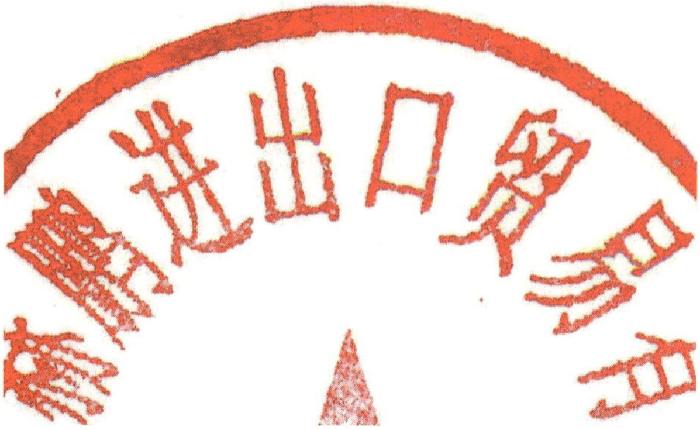

激光雕刻印章印文中“锯齿”状痕迹特征

激光雕刻印章印文中“阶梯”状痕迹特征

激光雕刻印章印文中“毛刺”状痕迹特征

激光雕刻印章印文中“毛刺”状痕迹特征（续）

三、激光雕刻仿牛角印章的老化特征

有一种仿牛角的廉价树脂材料，也常被作为激光刻制的印材，但这类印材质地脆硬，印章的使用寿命较短，它会与印油中的油脂成分发生化学反应，使印面膨胀开裂、质地变脆。此印材与木质印材的膨裂不同，木质细胞吸收印油中的水分，使木质印面膨胀，也会因失水而干瘪紧缩，属于物理变化效应。仿牛角树脂印章与油脂发生化学反应后导致印文规格、尺寸发生改变，且不可逆，印面遇磕碰容易使笔画、边框造成永久性残损。在鉴定印文真伪时不能只依据或过度依赖重叠检验法判别印文真伪，需综合检验分析，对印章的制作工艺和印材做出准确判断，同时要求委托方提供不同时期的印文样本，寻找印文变化规律，以免造成误判，而运用印文变化规律特征也可检验印文的形成时间。

仿牛角树脂印章残损特征

第四节　原子印章及印文特征

最早的原子印章制作是指在20世纪80年代中期由轻工业部工艺美术总公司通过香港从美国引进的70年代的成型热压印章技术。由于其存在诸多缺陷，自1988年开始，全国银行系统禁止使用原子印章作为印鉴，原子印章渐渐退出了市场，现在已很难见到其身影。就在原子印章逐步退出之时，80年代末从日本引进了一种渗透印章制作工艺，它是在原有的原子印章工艺的基础上进行升级改造，大大弥补了原子印章的不足，并可反复注墨使用，实现了印章生产的又一次革命。渗透印章可采用照相制版技术，先制作凹版印模，再加盖渗透印垫，然后在热压机中热压，待冷却成型后经修整而成。激光雕刻技术成熟以后多采用激光雕刻印垫的方式进行原子印章制作。

虽然原子印章退出了历史舞台，但人们对“原子印章”这一叫法却恋恋不舍，将这种改进型的渗透印章续称为原子印章，现在制章业所称的原子印章即是指直接在印垫上雕刻图文的渗透型印章。

现在的原子印章采用激光雕刻，分印柄和印面两部分，印柄是由手柄、弹簧、活动内芯、外框组成，印面体是一种具有微孔结构的海绵体材料，质地柔软，弹性较大，可塑性强，具有储墨、渗墨特性。

印面体的质量及微型孔的疏密程度、大小，决定着储墨性能的好坏、印迹的清晰度和印油是否回渗与散漏。印面体被固定在印柄内芯中并加注专用印油浸润，印面略低于塑料外框，使用时用手向下按压手柄，印面体下移，与纸张接触，在压力的作用下渗墨，即可完成盖印，无需另外蘸取印油。

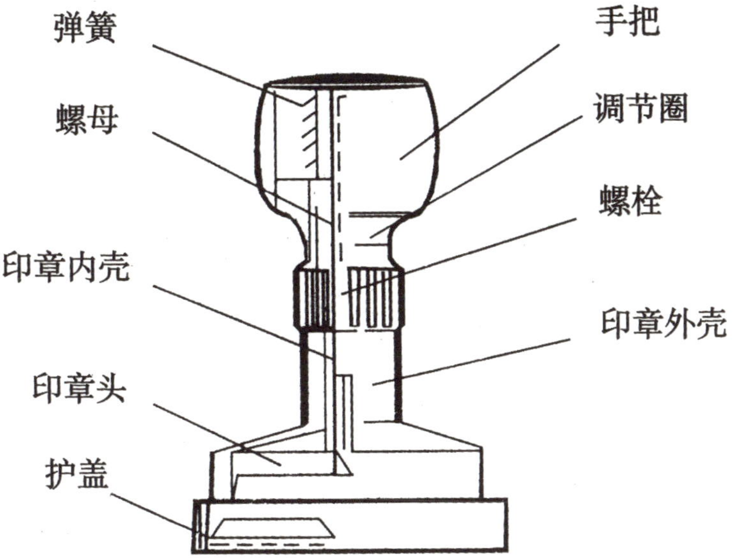

原子印章结构图

原子印章的制作也是利用计算机制章软件将印文式样制作出来，在程序的控制下由激光刻章机完成琢刻。原子印文印油均匀鲜艳，字迹清晰，不易褪色，即盖即干，并可反复加注印油，使用方便。

原子印章及印面特征

一、原子印章印文的一般特征

凡经印章制作软件排版雕刻的印章均采用计算机字库中的制式字体，

字形规范，符合制章标准，不同制章软件的字库中字体种类或同种字体的字形可能会存在差异。原子印章文字也采用制式字体，图案、文字及边框排列合理、均匀，相对位置间的距离相等。原子印章印材的弹性大，密度小，可塑性强，易出现胀缩变化，用力盖印时会在空白处出现激光雕刻的底纹痕迹，字迹边缘欠平滑，呈细小的锯齿状，笔画棱角不分明，圆钝，印文边框外侧有时会留下印章外框或支撑爪印迹。

原子印章所用的印油是专用印油，其印油的成分、特性与其他印油不同，印文无印油堆积现象，也较难出现“挤墨”现象，但容易出现印油油脂洇散，盖印后油脂随着时间的推移而向图文边缘扩散，透光观察较为明显。因原子印文即印即干，所以难以出现印文擦痕和转印现象。

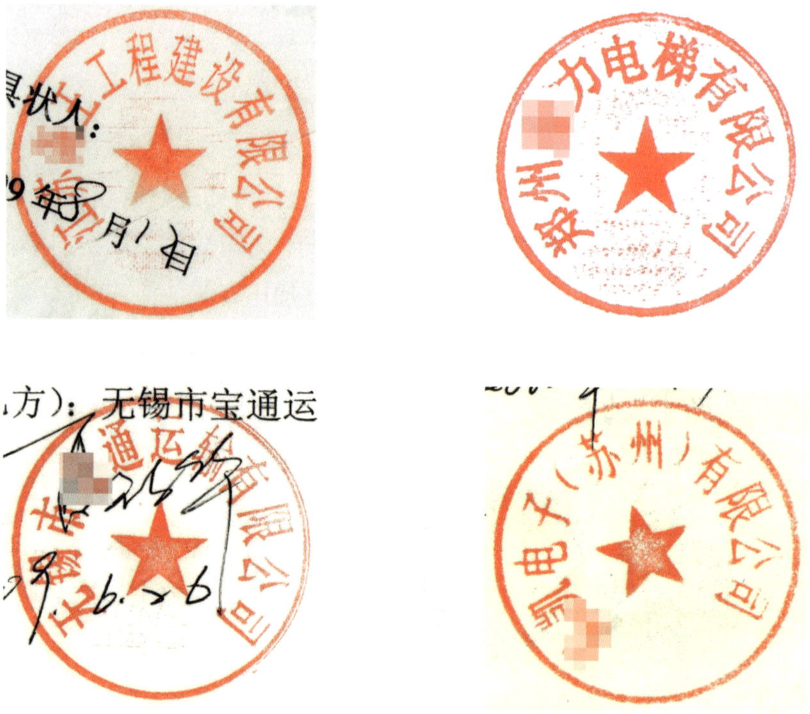

原子印章印文

原子印章印文（续）

二、原子印章的老化特征

原子印章印面体印材结构类似于泡沫，所以这类软面印材容易发生磨损和老化，又因为它弹性大、可塑性强，所以在盖印力度大时会使其印面变形，使用一段时间后印文的文字线条可能会逐渐变粗，边角逐渐变钝，印面体弹性减弱，印面收缩。据有关实验研究表明，原子印章在使用3～4年以后其收缩率可达0.2%～0.3%。原子印章在使用过程中的这种老化收缩、印面边框和文字笔画的变形与磨损等特征是原子印文历时性变化最突出的表现，也是检验印文形成时间的主要判断依据之一。

印章概貌

印面老化特征

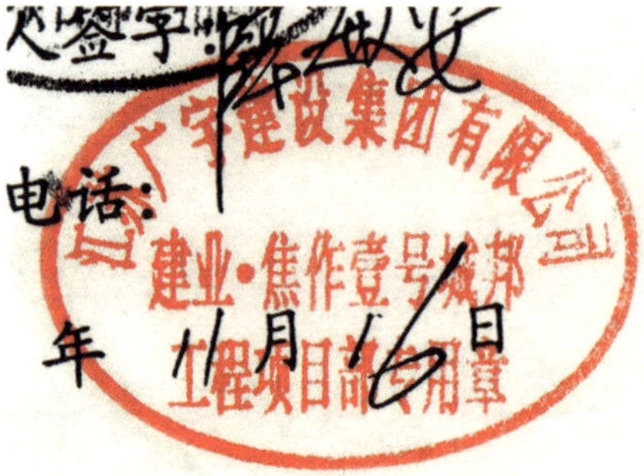

2011 年 11 月 16 日印文

2014 年 12 月 2 日印文

中心部位重叠图

左侧边框部位重叠图

三、原子印章印文的外壳边框特征

原子印章印面低于印章外壳，缩藏在章体内部。原子印章在盖印时，塑料外壳边框或边框上的支撑爪先与纸张接触，然后按压手柄使印面下降完成盖印。若印章外壳边框或支撑爪沾有印油或污物则会在纸张上留下相应的印迹。

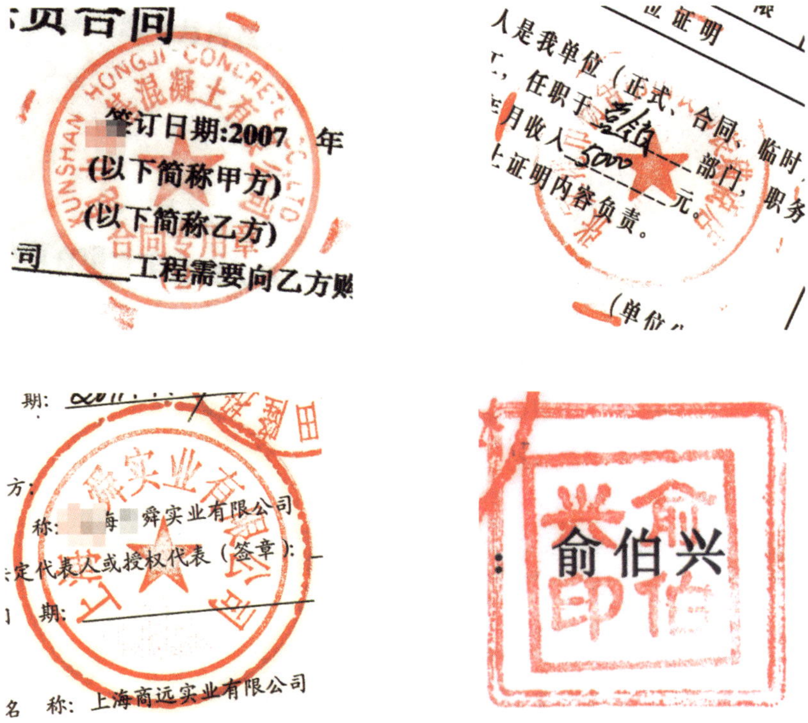

原子印章边框、支撑爪痕迹

第五节　回墨印章及印文特征

现有的印材种类繁多，盖印效果优劣差距较大。原子印章存在盖印欠清晰、印文易受到磨损、使用寿命短等天生弊端。光敏印章虽盖印清晰，但经常发生因加注不匹配的印油而造成无法正常盖印，导致印章损毁等情况。在这一大背景下，市场急需一种环保、盖印清晰、变形小、使用长久的新型印材和制章工艺。奥地利卓达公司设计发明的新型回墨印章是国际公认的环保产品，引入国内后迅速成为中国印章行业协会推荐的升级换代产品。

回墨印章

2014 年 12 月 15 日，苏州市公章刻制行业协会在 2014 年度会员大会上就公章印材的使用达成了一致意见：自 2015 年 1 月 1 日起，在全市所有公章刻制企业一律下架不环保不合格的印材，统一使用新型环保的回墨印章。

回墨印章

回墨印章，又称自动上墨翻转印章、翻转印章、翻斗印章。回墨印章由上下等粗的柱状塑料外壳、弹簧、印面体和小型印台组成，印面体是一种特殊的橡胶材质，也是利用激光刻章机刻制而成，并可选配不同颜色的专用印油。回墨印章在手柄内部放置了一枚小型印台，待用时印章印面与内置印台接触上墨，盖印时用手向下按压手柄，印面体沿曲形导轨下降并 180°翻转印面，完成盖印。盖印后印面体上移并回转，与内置小型印台回归原位，紧密接触上墨，以待下一次盖印。

回墨印章外形美观、新颖时尚，内置印台与印面接触紧凑，蘸墨充分、分布均匀、色泽红艳。导轨虽呈曲形，但按压时轻松流畅，毫不费力。其配备的专用印油干涸快，仅次于光敏印油，附着力强，印迹清晰，具有耐腐性。这种新型的制章工艺在全国得以推广。

回墨印章全分解

印章章面

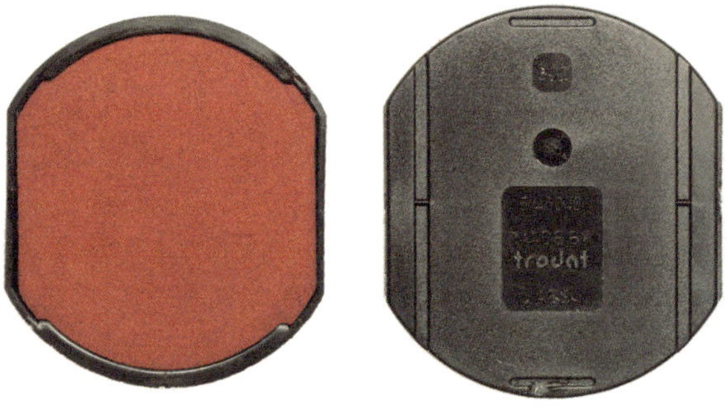

内置印台

导轨框架中的印台安置

章面安装

印章外壳

激光刻章机

回墨印章印面

回墨印章及印文

回墨印章在盖印时印面与桌面平行，所以没有局部接触性挪动痕迹，因多数回墨印章设置了支撑爪，所以盖印时很少出现挪动迹象，印文盖印清晰，印迹完整，色彩艳丽，有时也会出现露白特征。回墨印章印油的渗透性较光敏印章印油略差一些，在盖印后可能会出现印油擦蹭迹象。

回墨印章印文

回墨印章还有一种以铜质等金属材料作印面体的重型印章，重型回墨印章是回墨印章的一种改良产品，以铜、钢等金属为印材，并配以金属印章架。以铜、钢等材质作为印材不会因印章的频繁使用而产生变形，特别适用于使用频率较高的场合。

重型回墨印章

卓达公司生产的回墨印章经公安部防伪产品质量监督检测中心检验通过，是 2010 年上海世博会场馆及护照指定用章以及 2011 年税务新版发票指定标准印章，具有很高的市场占有率。

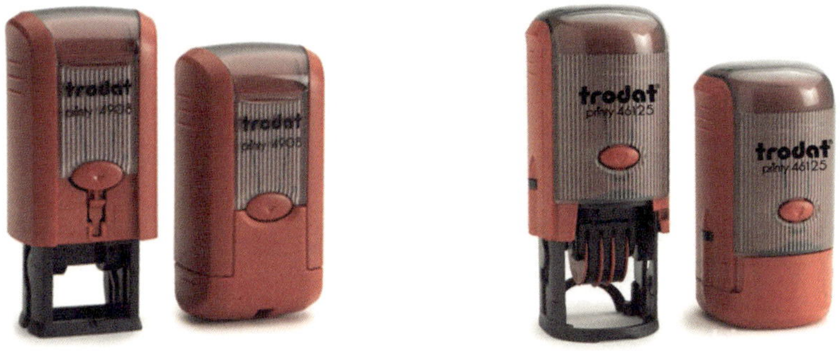

卓达回墨印章

第八章

机械雕刻印章

机械雕刻是以计算机、数控机、雕刻机三机组合运作，以机械削磨等方式进行雕刻，适用于铜印、钢印等硬质金属材料印章的雕刻制作技术。其通过计算机专用软件制成印章印面信息，将制作好的待刻印文的式样传送到雕刻机控制器中，接着再由控制器把这些信息转化成有功率的信号，去控制雕刻机生成的X、Y、Z轴三维雕刻走刀路径，带动尖锐刀具切削来完成印面雕刻，因此也被称为“三维精雕机”。

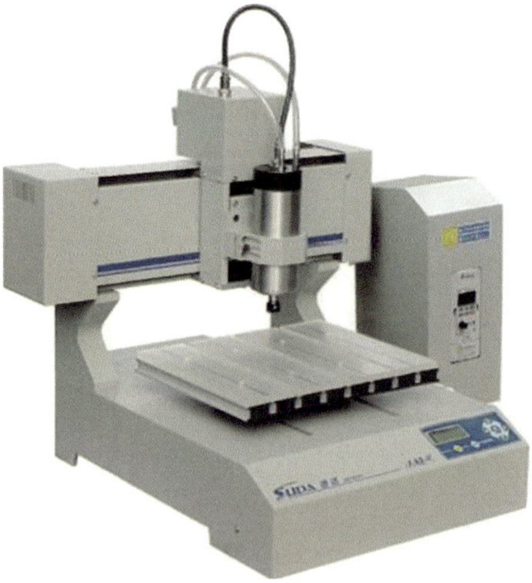

机械雕刻机

机械雕刻印章

金属印章印面刻制特征

机械雕刻制作的金属印章印面棱角分明，留白处印底平滑，印面清晰。金属材质的印章不会因质地坚硬而不易受到磨损，相反，印章在使用和保管过程中对印章的磕碰很容易在印面上形成无法修复的永久性损伤并在印文中反映出来。

机械雕刻印章印面与印文

机械雕刻也可以完成凹凸型钢印的制作（详见下篇第十章钢印印文的鉴定）。

第九章

光敏印章

第一节 光敏印章的制作工艺

当前，在制章业中使用最多的印材为橡胶类材质，它们在雕刻时会产生二恶英等有毒有害气体，污染环境，并严重危害从业人员的身体健康。而且印章在使用一定时间后会缩小变形甚至龟裂，和公安系统初始预留印模产生差异，蘸印油后容易堵塞章面的防伪线条，且盖印效果受盖印条件的影响很大，给印章真伪的鉴别带来一定困难。

1998 年，我国从日本引进了光敏印章制作工艺，光敏印章全称“光敏平面橡胶渗透印章”，它同原子印章一样也是一种不用印台、具有存储印油功能的章墨一体渗透型印章，但它的制作工艺与原子印章截然不同。光敏印章是将光敏技术引入制章领域的成功产物，光敏印章以特殊的超微孔光敏材料为印材，利用光敏材料的感光特性进行印章的制作，是一种环保的制章工艺。

光敏材料在受到强光照射的时候，可以吸收光能并转换成热能，并在分子或分子间产生化学、物理变化。利用曝光机对光敏材料曝光后，其表面见光部分瞬间吸收大量的光能，温度迅速上升并达到熔点，闪光结束后，表面熔体的温度迅速降低，形成具有一定厚度和强度的黑色薄膜，这层薄膜起到封堵微型孔洞的作用，可以隔绝印油的渗透。

光敏印章曝光机

光敏印章就是利用光敏材料的这一特性完成印章制作。首先，利用计算机印章软件排版制作印文式样，用激光打印机将印文式样打印在具有透光特性的硫酸纸或激光胶片上，上面覆盖一层透明薄膜，再将其覆盖在光敏材料上置于曝光机内曝光，由于印文式样本身是黑色不透光的，因而印文覆盖下的光敏材料不会发生光化学反应，仍然保持原始状态，而其他部分则由于受到强烈光照后发生光敏反应而凝固，微型孔洞被封堵成膜而不能渗油，这一部分就是印文的空白区域。由于印文部分保持了原有的状态，可以利用微型孔储油渗油，从而实现了印章的制作。印章中的印文空白部分因光学反应形成黑色镀膜并略显凹陷，与未反应部分保持0.1～0.3mm的水平深度，未反应部位即印文图文部分则略显凸起，盖印时在压力的作用下将光敏印章垫中的印油通过印面图文部分的孔洞渗出就形成了印文。

光敏印章结构

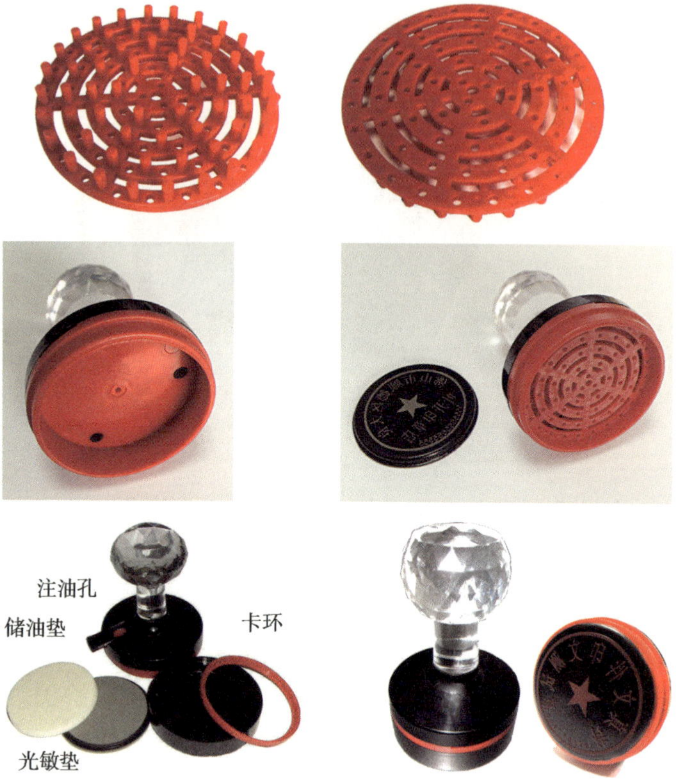

光敏印章结构（续）

光敏印章的技术成熟、工艺精良，盖印出的印文质量比采用激光雕刻的方式制作的印章要高出许多，且用时较短，是目前使用量较多的一种印章。

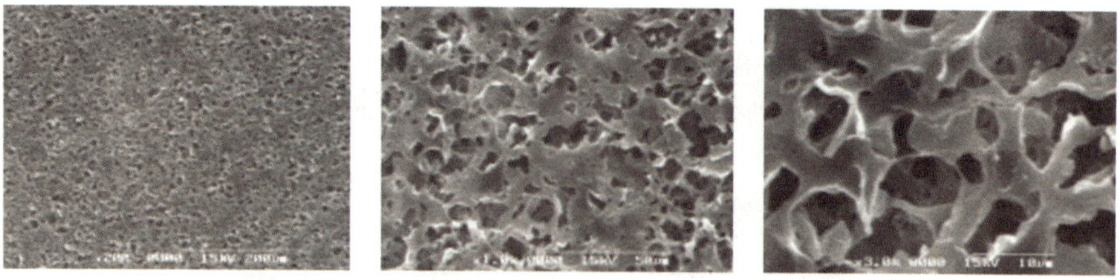

（a）200 倍　（b）1000 倍　（c）3000 倍

光敏印章垫的扫描电镜图

光敏印章在制作中要恰当地控制曝光，若曝光不足或曝光过度，以及杂质的出现都会影响印章的制作质量。

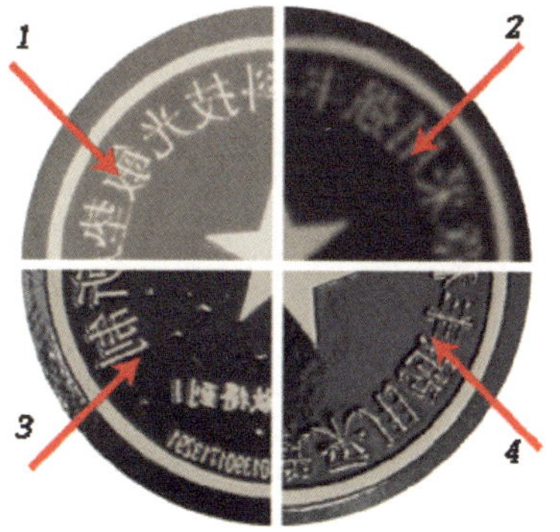

印面质量分析

图 1 部分曝光灯管能量不够或光敏印章垫曝光时的压力太小，光能流失，曝光不足，印章面就会泛白无光泽。图 2 部分曝光严重过度，光敏垫颜色过深，压力不够，导致印文字迹不清晰、发浑。图 3 部分描图纸（硫酸纸）、菲林片（一种透明的胶片）及光敏垫或光敏印章机玻璃上有杂质会在印文中产生疵点。图 4 部分描图纸或菲林片字迹不黑或曝光过度，导致字迹宽度变窄并有断裂。

除了恰当的曝光之外，印文式样的打印也比较重要，一般选用打印精度较高的黑色激光打印机打印，它的分辨率在 1200dpi 以上，打印出的印文式样具有足够的黑度，并分布均匀，避光性较好，加之光敏材料本身的超微孔结构，使得光敏印章的精度比采用激光雕刻的印章或其他技术方式制作的印章的盖印精度高出许多，是目前印章制作精度较高的一种印章。

第二节　光敏印章印文的特征

一、光敏印章印文的一般特征

光敏印章配备专用印油，盖印出的印文字体端正、边缘圆润整齐，墨色鲜艳，分布均匀，“朱”、“白”分明，细节特征表现完整，除防伪线痕及五角星图案中心有时会表现出油墨浅淡外，很少出现“露白”，可与印刷品相媲美。相邻笔画不会粘连、模糊，不易出现缺笔、断笔、盲字等制章瑕疵。印面稳定，连续盖印时印文变化不大，重复性较高，时段性盖印特征较少。

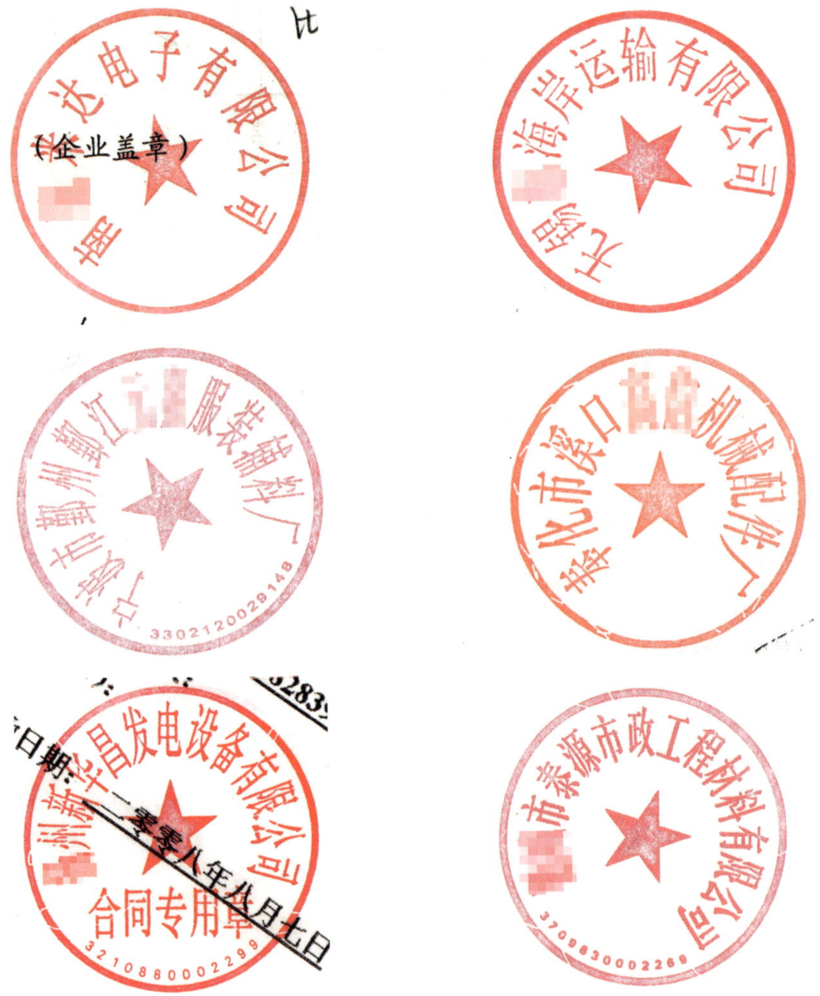

光敏印章印文

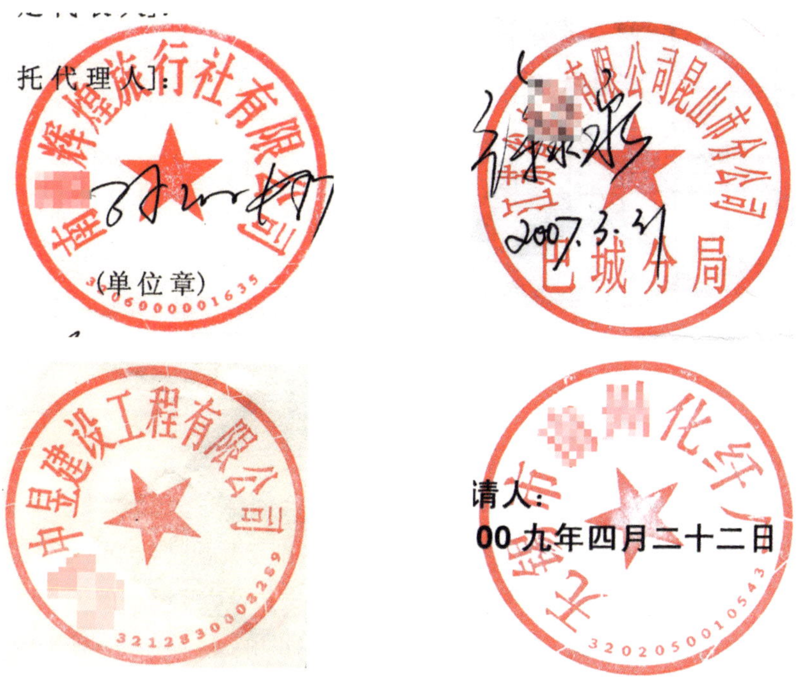

光敏印章印文（续）

光敏印章印文与其他类型印章印文的露白形态不同，很少出现露白，且印文墨迹浓淡过渡均匀、自然，通常没有明显的界线感。

光敏印章“红”、“白”过渡特征

光敏印章“红”、“白”过渡特征（续）

二、光敏印章印文外壳边框特征

当盖印力度偏大或印面体与塑料印框之间间隙过大时会产生漏墨现象，在印文边框外围出现细小线条痕迹，这也是区别于其他类型印章印文的主要标志之一。一般而言，光敏印章的外壳半径较印文边框大 2mm ~ 3mm 为宜，但也存在小印用大壳的现象，在印文中所表现出的间隙痕迹与印文边框距离不同。

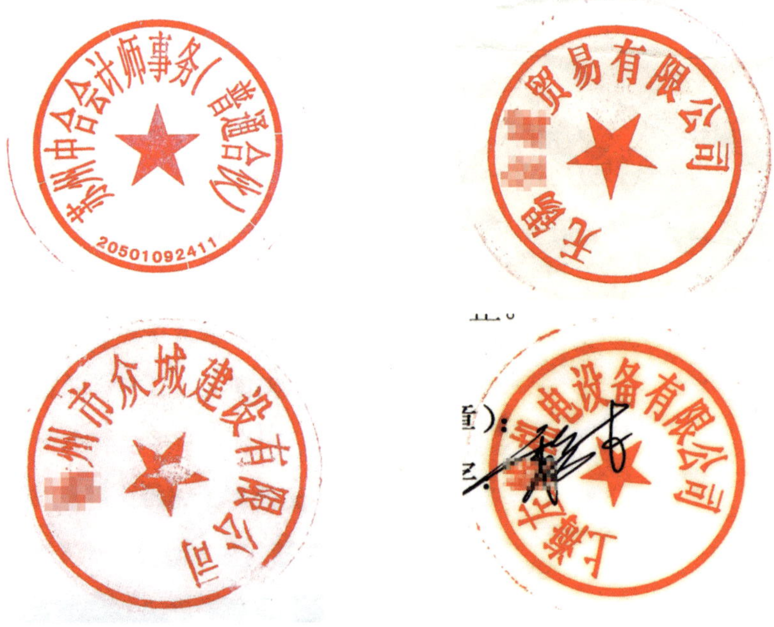

光敏印章外框特征

三、光敏印章印文制作疵点特征

光敏印章正是因为具有印文精度高、少有疵点、印面稳定、阶段性特征较少等特点，所以导致印文易于仿制，且仿真度高，鉴定难度大，存在防伪效果不佳的弊端。

在光敏印章的制作过程中，硫磺纸打印稿件或印章曝光机玻璃面存在多余墨点或污点则会影响光敏印章印面的制作效果，成为印章的固定疵点特征。

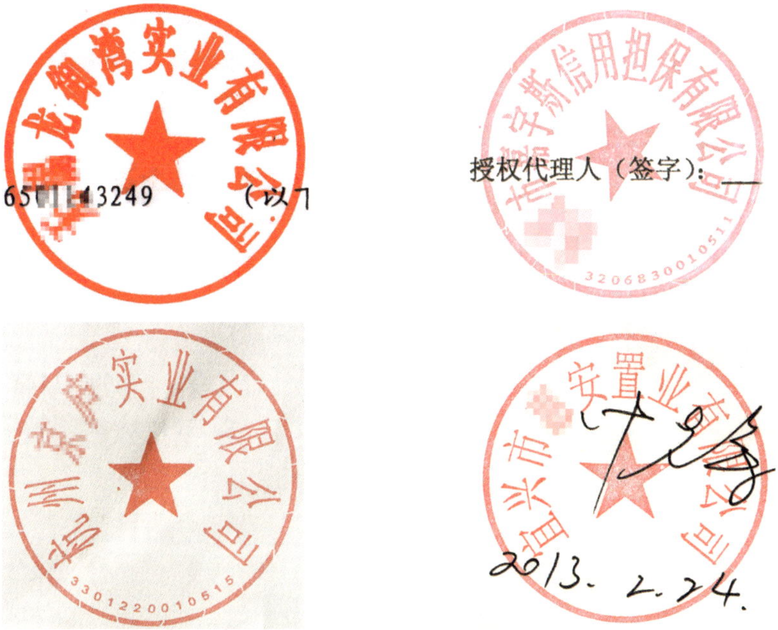

光敏印章制作疵点特征

四、光敏印章印文的油晕现象

光敏印章与传统各式印章的制作工艺、印面特征皆不相同，使用方式也有别于章墨分离的印章，配用光敏印章专用印油，对光敏印章不了解的使用者在使用过程中很容易出现因印油使用不当而造成印章损毁。光敏印章使用专属印油，光敏印章的补充印油必须是与原来注入的印油一致的专用印油，否则可能会因为印油的使用不当而损坏印章。光敏橡胶垫的微孔平均孔径小于30微米，普通印油中的颜料颗粒稍粗一些，会堵塞光敏印材的微孔，印油中的油脂会渗透下来，盖印在纸张上的印文缺乏色彩，且会产生油渍洇散等效果，在纸张上形成一种油晕。

加注了普通印油的光敏印章，虽然章面无明显变化，但印油颜料堆积于印材体内，导致印材孔隙堵塞，盖印时印油中的油脂渗出，形成油晕印文。油渍洇散的部位及范围是由所用印油种属、印油量的多少决定的，盖印出的印文可以反映出堵塞的区域。一般而言，印文中油渍出现的范围会随着时间而逐渐增大，最后趋于稳定，堵塞区域印迹浅淡，有时仅能勉强辨识内容，在复印时一般无法复制出这部分印迹。这种油晕特征是检验光敏印章印文形成时间的极好特征（详见下篇第六章印章印文的时段特征）。

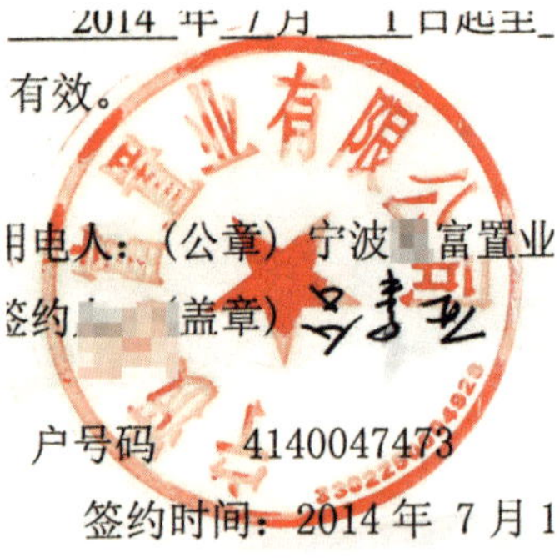

注错印油后的盖印效果（初期）

注错印油后的盖印效果（后期）

注错印油的光敏印章

五、光敏印章印文的“边浓中淡”特征

通常情况下，光敏印章盖印的印文色料分布均匀，印油量浓淡适中，印迹清晰，印油边缘、棱角分明，盖印质量较高。然而当光敏印垫中所存储的印油量偏少时就会出现印迹偏淡、露白增多的现象，典型性的特征表现就是印文的文字迹、边框、五角星等图文的边缘清晰，笔画中心印迹浅淡甚至没有印迹反映，形成边浓中淡或中空的印迹特征。这也是判断光敏印章印文的主要依据之一。

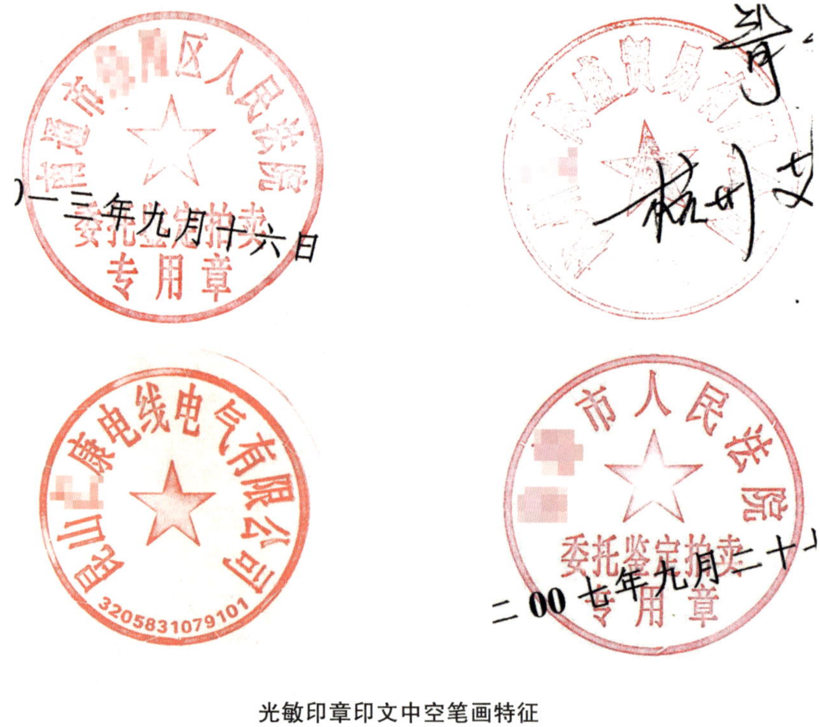

光敏印章印文中空笔画特征

六、光敏印章蘸油盖印特征

光敏印章属于章墨一体的渗透型印章，盖印时无需再另行蘸取印台印油即可直接盖印。印面中图文部分与印文的空白区域只有0.1～0.3mm的高度差，若将光敏印章蘸取印油后再去盖印就会造成大面积脏印以及印章边框痕迹特征，同时也会体现出印文圆心（或中心）与印章边框圆心（或中心）的偏移方位和距离。由于光敏印章专用印油与普通的印泥或印油的成

分差异较大，所以在特种光源下印文的红色印迹呈现出两种不同的视觉效果。若是所蘸印台台面蒙有棉布，那么在印文中还可以反映出棉布纹路痕迹。

另外，光敏印章多是通过手柄下方的注油孔加注光敏印油，也可将手柄旋下向孔洞内注油，也有人习惯采用在印面直接加油的方式灌注印油。在印面加注印油时先将印章倒置，向章面倒注适量印油，待印油慢慢渗入，再将印面擦拭干净，即可使用。若印面不处理干净则会在印文的留白部分出现印油印迹，类似于蘸印印油盖印的印文特征。这一特征影响印文的辨识度和美观，但同时这一特征也可以作为判断光敏印文的方法之一。

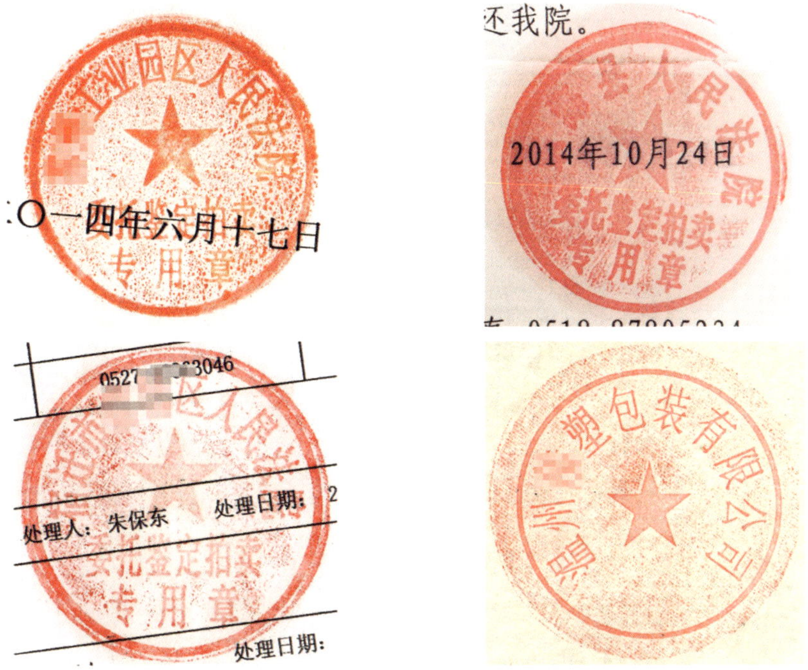

光敏印章留白处印油印迹特征

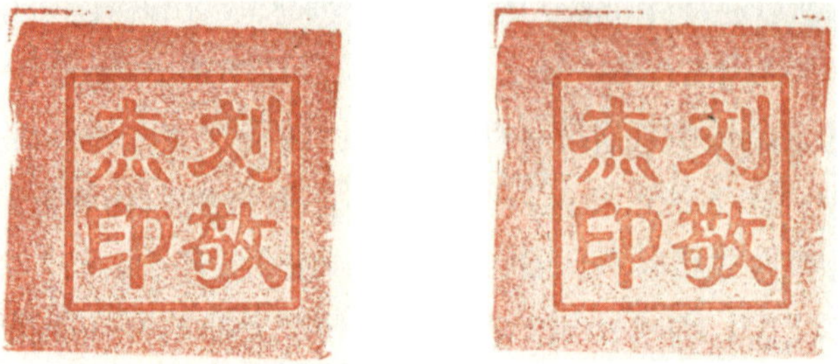

蘸印快干型印油效果图

蘸印泡沫印台印油效果图

蘸印传统印泥印油效果图

蘸印带棉布印台印油效果图

七、光敏印章印油迸溅特征

光敏印章的印面略高于印壳外框，呈凸起状，若注油过多，会导致印材（储墨垫）中印油充溢。盖印时印章对纸面施加一个垂直的力，储墨垫中的液态印油受挤压变形，当这个挤压力大于印油的重力与张力之和，印油就会突破储墨垫的吸附，成滴飞溅出去，在印文的留白或外围产生迸溅墨点，并呈不规则分布或朝相对集中一个方向迸溅，墨点分布不具有重复性。笔者在工作中见过的最远迸溅墨点距印文边框直线距离约10cm。

印油迸溅特征（1）

印油迸溅特征（2）

印油迸溅特征（2）（续）

（山东日照浩德司法鉴定所 邱现明 提供）

印油迸溅特征（3）

八、光敏印章挤墨特征

光敏印章的挤墨特征有别于其他类型的印章，尤其是蘸墨印章。蘸墨印章因材质对印油的吸附作用而导致的在“小区域”范围内出现挤墨特征，挤墨的印迹分布不均、轻重程度不同，随机性高。

由于光敏印章是自含墨的印章，印油相对均匀地储于光敏垫中，受盖印时挤压力的作用，印油均匀地从印垫孔隙中溢出，形成类似梳齿状的细长挤墨印迹。

光敏印章挤墨特征

九、光敏印章印文网格特征

在检案中偶尔会遇到一种图文具有网格状形态的光敏印章印文，按照正常的制章流程，经印章制作软件打印印稿后制作的光敏印章无法盖印出如此形态的印文。

网格状印文特征

五角星图案细目

经笔者反复试验证实，这样的印章是将设计好的印文式样存储为图片格式，或将已有的印章印面经扫描后以 JPG、BMP 等图片格式存储，经激光打印机打印输出时因受扫描仪、打印机分辨率的影响会在硫酸纸上形成网格状的印文式样，经曝光后的光敏印材印面上就会形成网格状的印文，由此产生图中网格状的印文效果。

经印章软件直接制作的印章是不会产生此类特征的，而以多道程序形成的图片格式的印文为印稿制作的印章才会出现网格状特征，因此在检案中出现的此类盖印印文，都是制作欠规范的印章加盖的，要多加注意，特别是要与丝网印刷印文相区别。

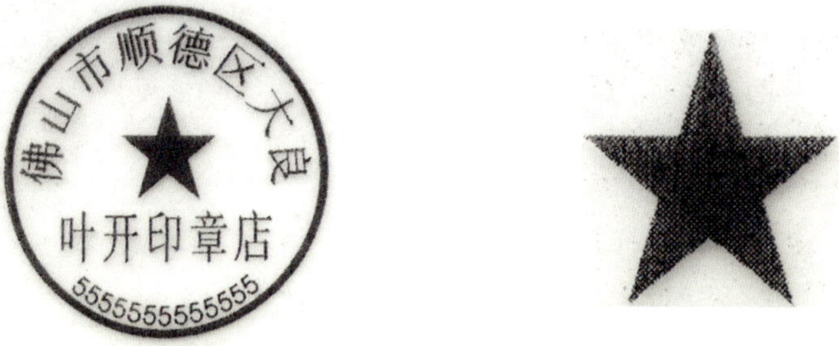

模拟制作的网格状印章打印式样特征

模拟制作的网格状印章印面特征

模拟制作的网格状印章印文特征

十、光敏印章的老化特征

光敏印章在长期的使用过程中，印面体的弹性逐渐降低，印面体与印章外壳边框的间隙增大。长期在高温环境中使用或保存会使印面体膨胀，与塑料外边框的间隙缩小，甚至会使印面体凸起，热胀冷缩效应明显。光敏印章印面的图文部分遍布细小孔隙，长期的使用或保存过程中印面极易黏附杂质或污物，渗墨的孔隙也容易被封堵而无法出墨，在印文中形成相对稳定的露白和笔画缺失特征，导致印文盖印不全。

新制作的印章印面与印文特征

受污的印章印面与印文特征

第十章

注塑印章

第一节　注塑印章的制作工艺

注塑成型是一种将可塑性材料制成复杂形状的产品的成型工艺。注塑印章的制作过程可以分为三步：首先，利用印章印文制作软件编辑好印文式样，利用雕刻机将印文式样雕刻于合金钢板或铝板上制成模具；其次，将低温存储的生橡胶热熔后灌入金属印模，经加压降温成型，即完成印面体的制作；最后，修切成型做成回墨印章即可使用。

此种制章工艺在制作文字较多、笔画较细的印章时具有其他印章制作工艺所无法比拟的优势。但注塑印章的制作工艺适合于能够多枚或批量生产的印章，如“合格”章、“现金收讫”章、“验收”章等具有非唯一性要求的印章制作，在文书物证中很难遇到由注塑印章盖印的印文，本书中只作一般性的介绍。

金属印模

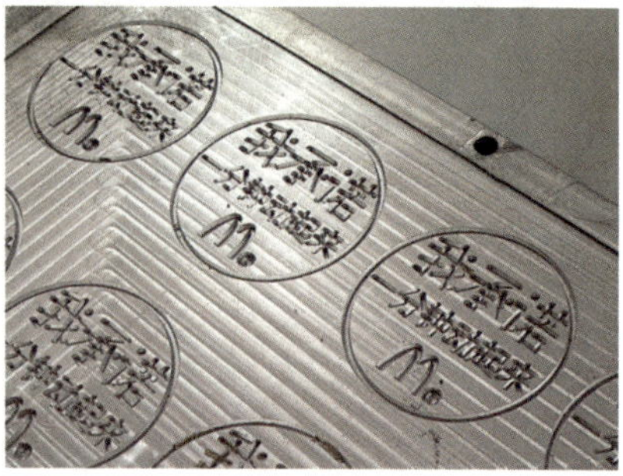

注塑印章印面特征

第二节　注塑印章印文的特征

经热熔灌注成型的注塑印章印面体富有弹性，能够与纸面充分接触，印迹清晰。印文笔画平直，棱角分明，笔画边缘无激光雕刻的“阶梯状”痕迹，笔画间不粘连，不断笔，细节特征表现力较强，质量较高。在制作文字较多、笔画较细或图案复杂的印章时是其他制章工艺所无法比拟的。

注塑印章

注塑印章印文

注塑印章印文

激光雕刻牛角印章印文

第十一章

防伪印章

第一节　印痕防伪

改革开放以来，在经济迅猛发展的同时，各类经济犯罪也逐渐增多，尤其是近些年来利用假冒印章进行诈骗犯罪的现象十分突出，民事纠纷中涉及印章印文鉴定的案件也在逐年增多，公章等印迹的防伪技术已成为人们关注的问题，各式防伪措施不断出现。印章防伪技术包括在印章制造过程中加入具有特殊性的暗记即印痕防伪，在印油中加入制造难度比较大的可检测物质即印油防伪，以及印章体防伪三大类，各种印章均可采用适当的防伪措施来进行防伪。

印痕防伪是最常见的一种防伪措施，是通过印章章面印痕的特殊性来实现的。目前，可采取的印痕防伪技术包括：

1. 含印章专用字库的排版、激光雕刻系统。

字体防伪特征

（公章印文由江苏警官学院 刘宁 提供）

2. 含特殊标志的排版、制凸版系统。

海波纹加数码纹印文

指纹印文

3. 含不规则点阵或光学随机线条等具有个性特征的排版、雕刻系统。

边框防伪线特征

虽然上述印痕防伪技术均具有较强的防伪性，但通过照相或扫描制版，其印痕均能被不同程度地仿制，关键是防伪痕的可识别性与被复制的可行性，能否识别、区分盖印的差别和仿制的差别。

如果仅仅通过肉眼进行识别，那么即使仿制程度差，也不易判断真伪，就好比激光全息标识和手刻印章，真标识和假标识，真印章和假印章有一定差别，但肉眼不易区分。因此，印痕防伪必须有与其对应的识伪措施。

第二节　印油防伪

印油包括印泥印油、印台印油、原子印油和光敏印油。印油防伪是通过印油中含有的可检测物质实现的。

目前，比较成功的印油防伪技术包括：热敏印油防伪、紫外荧光印油防伪和红外印油防伪。

针对普通印油而言，上述印油防伪均具有较强的防伪性，然而一旦获得相应的可检测物质，其印鉴均能被不同程度地仿制，关键是可识别性。如果在普通印油中加入可检测物质，如用热致变色材料或紫外荧光材料来仿冒热敏防伪印油或紫外荧光防伪印油，这种仿冒印油的印鉴同样有遇热变色或紫外灯照射下发荧光的特性，这种情况下，通过热源或紫外灯是难以判断真伪的。因此，防伪印油中有关可检测物质的信息必须具有特殊性，这种信息必须有与其对应的识别措施。如果这种信息是公知的，与其对应的识别措施也就没有意义。

防伪章面

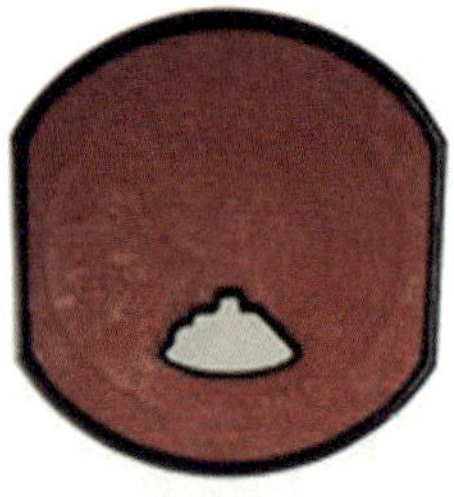

防伪印台

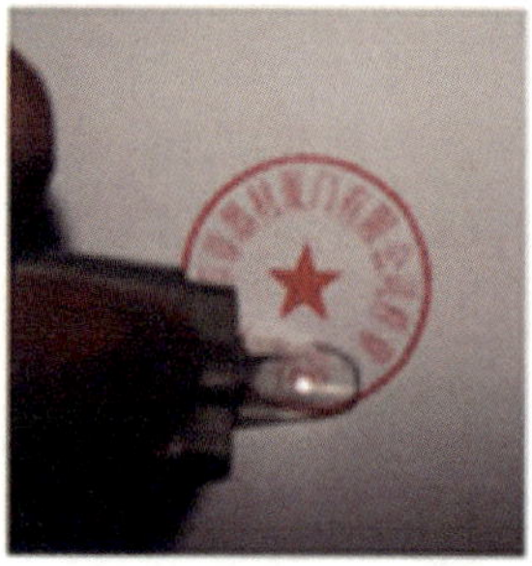

红外线下的防伪字样变化

紫外光下的防伪字样变化

印油防伪回墨印章印面及内置印台

第三节　章体防伪

章体防伪是在印章章体内植入一枚由公安机关统一研制的加密防伪芯片，芯片中写入相关审批和刻制信息。同时在公安、质监、税务、银行、工商等单位配置印章芯片读卡器，这类通过印章专用 IC 卡和自动识别设备作为识别措施简单易行，能够准确辨伪，未经审批的非法刻制印章或伪造的印章能方便地通过读卡器辨识。

带有芯片的印章

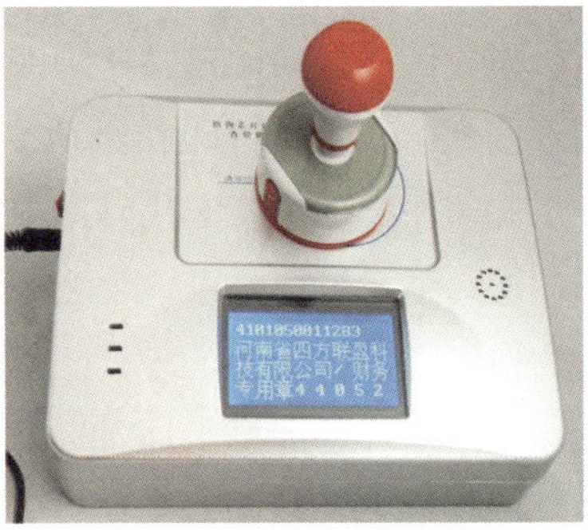

印章识别设备

第十二章

印章印油概论

印章印油是指印章在纸张等载体上钤印出印文所需的色料介质，因各种类的钤印色料多含有油脂成分，所以在本书中统称为印油，而印油又可分为传统印泥和现代印油两大类。

第一节 印 泥

在纸张发明之前，为防止文书、信件被私自拆阅泄密或变造，便在成捆的简牍上“缄之以绳，封之以泥，抑之以印”，将印章的印文印压在封泥之上，形成凹凸状的印模，这种泥块被称为“封泥”。在纸张出现以后，要将印章的文字、图案钤印在纸质文书之上，这就需要使用印料作为着色介质，由此印泥产生了。宋代赵彦卫《云麓漫钞》中载：“古印文作白文，概用以印泥，紫泥封诏是也，今之来印及仓敖印近之矣。自有纸，始用朱字，间有为白字者。”

印泥的出现远远早于印油，历史上有关印泥的最早记载始见于南北朝时期，据《魏书·卢同列传》载，卢同为防止官吏伪造“勋书”，建议发证部门和受证部门之间相互核对，“对勾揍按，若名级相应者……以朱印印之……然后印缝，各上所司”，这也是最早出现盖印“骑缝章”的记载，此处的“朱印”即是蘸了红色印泥的印章。古代印泥使用朱砂、艾叶和油脂混合制成，呈红色泥状，故称印泥。

印泥的制作与使用具有悠久的历史，最早记述印泥制作的为元朝吾丘衍著《学古编》，书中载："油印法：香油浸皂角于瓷器内，煎过放冷，和熟艾成剂；加银硃，以红为度……复以煎下油滴入所盛器内，以印色置其上，使其沁人。"

朱砂印泥

清代印泥的制作已趋于成熟，采用朱砂、油剂、艾绒三种主要原料制成"油朱印泥"，代表作有福建漳州丽华斋的"八宝印泥"。近代又以朱砂、艾绒、蓖麻油三种原料配置加工而成，与现代的印泥基本一致，其中又以福建漳州魏丽华斋的"八宝印泥"和杭州西泠印社的"西泠印泥"最为著名，此外还有上海的"潜泉印泥"、"鲁庵印泥"、"节庵印泥"，以及苏州"庆年堂印泥"和常州璟玉堂的"龙泉印泥"等均属上乘的朱砂印泥。历史上介绍印泥制作的文献或专著较为罕见，印泥的制作工艺被当作商业秘密保护，其中八宝印泥还有"只传长房长媳"的家规，外人很难知晓。

朱砂印泥，是由朱砂、艾绒、油脂为主要原料制作而成。朱砂，是硫化汞（HgS）的一种变体。硫化汞有两种变体，一种就是朱砂，天然产的称为朱砂、丹砂，又以湖南辰州（今湖南沅陵）所产为最佳，故又称辰砂，有金刚光泽至金属光泽，属六角晶体，是提炼汞的重要矿石，呈朱红色，化学分子稳定，耐水、耐光、耐热、耐酸碱，是重要的天然颜料，也是制作印泥的首选材料。另一种变体称为黑辰砂，为黑色单斜晶体，有毒。朱砂含汞量约 86.2%，含硫约 13.8%，常夹杂雄黄、磷灰石、沥青，其中含有的砷、铅、锑等都对人体有害，汞与蛋白质中的巯基有特别的亲合力，高浓度时可抑制多种酶和活动。进入人体内的汞，主要分布在肝肾，而引起肝肾损害，并可透过血脑屏障，直接损害中枢神经系统。

古时称朱砂为“丹”，东汉之后，为寻求长生不老药而兴起的炼丹术，使中国人逐渐开始运用化学方法生产朱砂。朱砂的粉末呈红色，可以经久不褪，多被作为颜料、药剂使用。

我国利用朱砂作颜料已有悠久的历史，最早用来“涂朱甲骨”，就是把朱砂磨成红色粉末，涂嵌在甲骨文的刻痕中以示醒目，这种做法距今已有几千年的历史了。后世的皇帝们沿用此法，用辰砂的红色粉末调成红墨水书写批文，这就是“朱批”一词的由来。在现代文件检验中将印文与字迹的交叉顺序称为“朱墨时序”，此处的“朱”就是指代红色的印文。

朱　砂

朱砂是朱砂印泥中的染色着色物质，是表现印文的主体物质，朱砂的好坏决定着印泥的着色力、遮盖力，优质的朱砂印泥具有良好的耐光、耐化学性、不溶于水、印色具有厚重沉着等优点。若朱砂不经细碾精制就会出现大粒朱砂粉，还有铁质、灰尘等杂质，影响捺印效果，所以制作印泥的朱砂需通过碾磨和漂洗精制，以去除朱砂中的残留杂质。

艾绒的主要成分是纤维素，纤维素是存在于植物机体中的一种天然高分子化合物，艾绒是由菊科植物艾草的干叶制成的，是制做印泥的关键材料，主要作用是衬胎，是朱砂和油脂的载体，每根纤维都能吸附油朱。将艾草叶去除硬梗及腐叶，经过烧煮、过滤、晒干，再撕成艾绒纤维，这样的艾绒细长柔软，富有韧性，吸附能力强，能分能合，能够吸附油脂与朱砂的混合物，使印章在蘸印时所黏附的印泥适量、均匀，盖印出的印文色泽艳丽、轮廓清晰。

艾　草

艾　绒

在一定范围内，艾绒的用量多少可以调节泥质的干湿，所以油艾间的用量比例及朱艾间的用量比例须视朱油混合的情况而定。

印泥中的朱砂颜料是钤印印文的核心物质，但要依靠油剂才能使其黏附于纸张之上，所以油脂的使用主要起到粘结作用，它决定着印章蘸印时黏附朱砂的量以及印文在纸张上的持久度。如果黏附力弱，则朱砂难以上印，盖印在纸张上的印文朱料也易脱落。

蓖麻油

可作为印油油剂的主要有动物油、矿物油、人造油和植物油四大类，其中，植物油是现代制作印泥的最佳选择，植物油中的蓖麻油是制作印泥的最好油剂，也是唯一以含羟经基酸为主的商品油脂。

现代印泥主要有两方面的功用，即现代办公应用与书画艺术领域应用，现代办公所需印泥要求印泥有速干的特性，所以这类印泥多使用人工合成颜料进行工业化生产，且新工艺不断出现，以满足实际需求，主要成分有硫化汞、大红粉、涂料黄、白艳华、重晶石粉、蓖麻油或氯化石蜡油、艾绒或木棉、苯酚等。书画艺术领域所需印泥则以色泽纯正鲜艳、印迹清晰、久放不干为上品，盖出的印文艳丽发亮，有立体感。

总之，使用印泥捺印，就是将印泥中的朱油混合颜料转印在纸张上形成印迹，朱砂碾磨得再细也属固态物质，这类颜料是有色不溶于水和一般溶剂的化合物，是一种物理性固着，且印泥中多存在铁质、树胶填料、短小纤维等，会在纸张上形成较为明显的“立体镀膜”和杂质颗粒，在确定印文形成方式、印章种属以及在朱墨时序鉴定中都是可利用的高价值特征和重要的鉴定依据。

第二节　印油及分类

使用印泥盖印的印文颜色鲜艳、历久不变，但干涸速度较慢，质量差的印泥还会造成油脂洇散、色料转印而造成文件污损，不太适合现代办公等场合的应用，因此出现了快干型、不易转印、不易污染的现代印油。

不同的印章制作工艺和使用方式对印油有不同的要求，有的印章还需配置专用印油，这使印油的种类繁多、庞杂。印油一般由色料、溶剂、树脂和助剂组成，各类物质的选择及配比都会影响印油的质量和盖印印文的效果。其中起主导作用的是色料和溶剂，色料又可分为颜料和染料两种，溶剂可根据不同的工艺要求而选用油脂、醇类、烃类、水等。

一、按印油色料分类

1. 颜料型印油。颜料是用来着色的粉末状物质，在水、油脂、树脂、有机溶剂等介质中不溶解，但能均匀地在这些介质中分散并使介质着色，而且具有一定的遮盖力，是一种物理固着。颜料型印油就是将合适的颜料经研磨精制后与其他物质材料搭配，再利用溶剂调制而成。

2. 染料型印油。染料是指能够使纤维或其他材料基质坚固地染上颜色的化合物，大多可溶于水，是一种化学结合。染料型印油是将合适的染料溶解于相应的溶剂之中，与其他物质原料配比调制而成。这类印油因耐候性差，容易导致印文印油洇散，遮盖力弱，在朱墨时序鉴定中属于偏难的一类。

二、按印油溶剂分类

1. 油型印油：是以植物油、矿物油、脂类或烃类为溶剂制作的印油，油脂与颜料、树脂和其他填料易于结合，制作工艺简单，耐候性较好。但普遍存在纸张上印文印油油脂洇散、干燥慢等缺点。原子印章在使用这类印油时会出现出油量不易控制、印迹轮廓不清等现象。油脂会与激光打印（复印）墨粉、复写色料、无碳复写纸起反应，发生性状变化。

印章印文油渍洇散

2. 醇型印油：主要溶剂是单元醇或多元醇。其中利用单元醇来制作快干型印油，一般选用乙醇、异丙醇、丁醇等低沸点醇作为溶剂。以丙二醇、丙三醇、丁二醇、聚乙二醇等沸点较高的多元醇为溶剂制作的印油干速偏慢。

3. 水型印油：顾名思义是以水为主要溶剂的印油，因水的挥发速度快，所以水型印油印文干涸的也快些，同时水的极性较强，印油印迹在干涸过程中易使纸张褶皱变形。水的成本较低，且无毒、无污染，适合对环保或控毒要求较高的领域。

三、按印油功能分类

1. 普通印油，印油的普遍功能为形成印迹，仅具有这单一功能的属于普通印油，增加防伪技术和提升防伪性能的称为防伪印油。

2. 防伪印油，在普通印油的基础上添加特殊性的可检测防伪物质，可以使用具有针对性的识别措施进行甄别的印油。如紫外荧光防伪印油、红外防伪印油、热致变色防伪印油、光敏印油等。

3. 隐形印油，也是一种防伪性较强的防伪印油，是指在可见光下不可见、在紫外灯环境下可视的隐形材料印油，主要起到暗记的作用。

四、按制章工艺及使用方式分类

1. 印台印油（普通印油、翻转印章印油）。印台印油是指将印油注入泡沫、织物等承载体中制成的印台，供普通印章蘸取印料后盖印使用。

翻转印章在手柄内部放置了一枚小型贮墨印台，注入专用印油后供印面体翻转蘸取使用。

2. 章墨一体印章专用印油（原子印油、光敏印油）。

（1）原子印油，是原子印章的专用油。原子印章同牛角等硬质印章一样是由激光刻制机刻制而成的，印面凹凸，留白处可见激光刻制痕迹，不同的是原子印章印面材料是具有微孔结构的海绵体，偏软，有储墨、渗墨功能。原子印油的色料颗粒能够通过印材的微孔渗透到纸张上，它一般由合成树脂、颜料、表面活性剂、油脂和高沸点溶剂配比而成。

（2）光敏印油，是光敏印章的专用油。光敏印章的印面体是具有极小孔隙的光敏高分子材料，制作中受光部分发生光化学二聚反应，形成交联，生成难溶性的封闭硬化膜，而未反应的图文部分保持原材料上的孔隙结构，要求印油色料细腻，颜料颗粒小于5微米，既可以存储于印面材料中，又可以在盖印时将色料渗透出来印压在纸张上。光敏印油盖印出的印文具有颜色鲜艳、不易沉降、色密度高等特点，印油分布均匀，油量适中，印文清晰，即印即干，渗透速度快，耐热、耐寒、稳定性强，与印章材料不发生不良反应。光敏印油的色料成分主要为罗丹明B，俗称花粉红，是一种具有鲜桃红色的人工合成染料，易溶于水、乙醇，在溶液中会产生强烈的荧光反应。

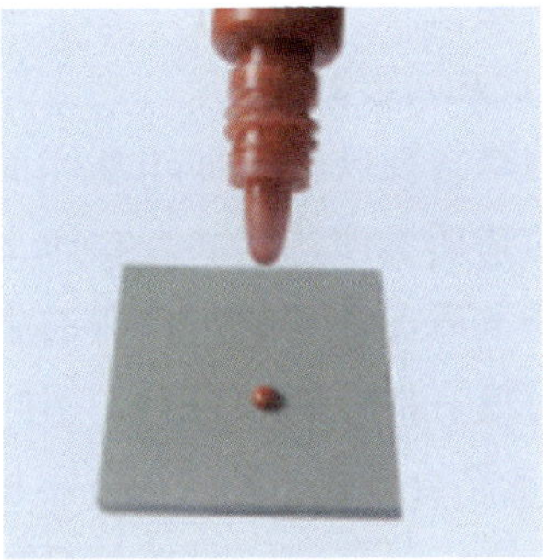

（a）滴加油墨

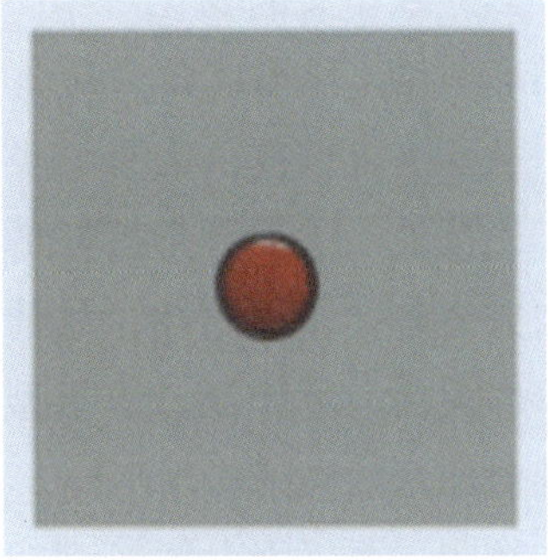

（b）吸墨前期

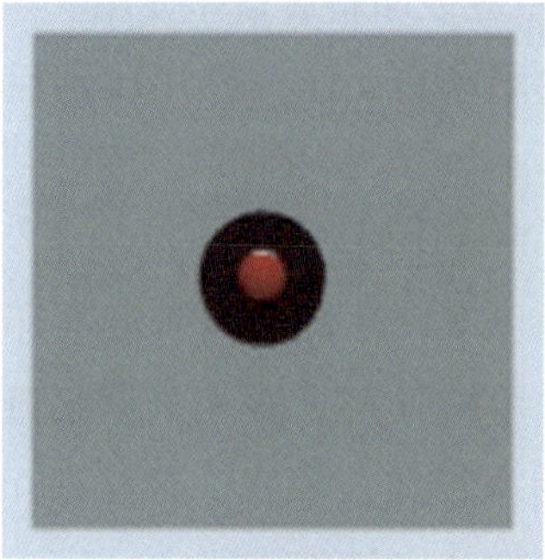
(c) 吸墨后期

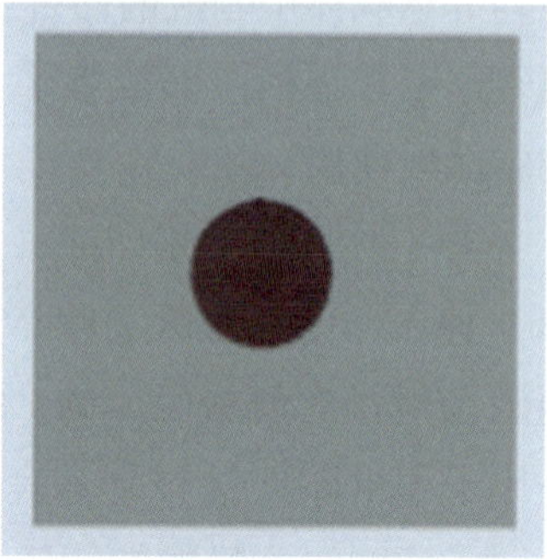
(d) 油墨全部浸入

五、按印文载体种类分类

按印迹载体种类不同可分为食物专用印油、玻璃专用印油、金属专用印油、塑料专用印油、橡胶专用印油等。因使用领域的差异，导致各载体所需印油的属性各不相同，需特制专用印油。此类特种印油不应用在文件上，不属本书讨论的对象。

第三节　常见印台印油对印文特征的影响

通常情况下，印文并不完全是印章印面结构的镜面反映，盖印条件的改变必然导致印文的变化。印文的盖印质量是受印材及制作工艺、盖印介质、盖印力度、承痕纸张、衬垫物等多种因素共同影响的。

一枚印文可以被认为是三类性质印迹的综合反映体，即印章印面的真实性印迹反映、印油自身特性的成痕反映和杂质类印迹反映。在印文鉴定中需要辨清各类印迹属性，认清各类印迹的本质。常见的印台印油主要有传统型印泥、泡沫印泥、快干型印台和表面覆有棉布的印台等，不同种属的印油对印章的黏附作用不同，与纸张纤维的结合方式与特点也各不相同。

传统印泥属于固态颜料型介质，使用传统印泥盖印的印文色料颗粒堆积感明显，容易出现挤墨、油脂洇散、脏印等现象。

泡沫印泥储存于海绵体内，蘸印过程中从海面孔隙中蘸取的印油量不均，印文中易产生点状印迹。

快干型印台使用水性印油，盒内海绵体孔隙细小、紧密，蘸印均匀，捺印清晰，是现在较常见的一种印台。

还有一类印台在表面蒙有一层棉布，印文中会反映出棉布的纹路，这类条纹的位置形态不固定，每次蘸印捺印都有不同的表现，应引起足够重视，并与印面固有特征相区别。

印文（1）

印文（2）

上海金天河有限公司
上海金天河有限公司

印文（3）

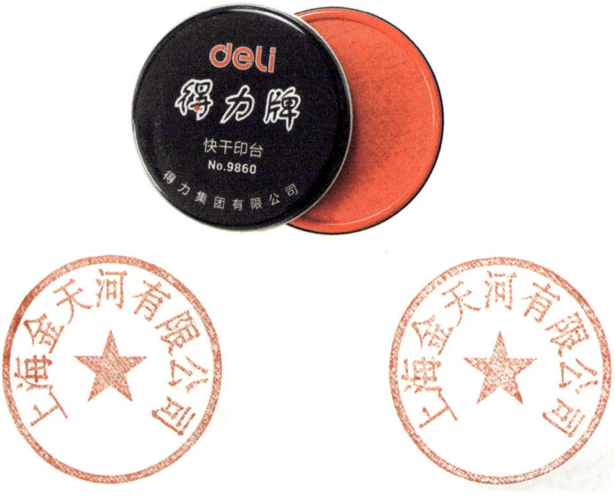
deli
得力牌
快干印台
No.9860
得力集团有限公司
上海金天河有限公司
上海金天河有限公司

印文（4）

下篇

印章印文鉴定

第一章

印章印文的同一认定概论

一、经典的同一认定理论

辩证唯物主义阐释了世间万物的本质，揭示了万物间的差别，世界上所有事物都是由各自的内部矛盾和外部矛盾构成的系统，没有两个事物的内部矛盾和外部矛盾都是相同的，因此所有的事物都是彼此相异的。当两个事物的内部矛盾和外部矛盾都相同时，只能是他自己，不存在两个客体。德国数学家、哲学家莱布尼茨解述为："世界上没有两片完全相同的树叶。"

美国物证技术学先驱保罗·柯克曾说："一个客体只能与其自身同一，因为它是一个独立存在的客体，是区分于所有其他客体的。无论多么相似的客体之间也终有差异，也许两个客体能够相似的使任何检验都无法区分它们，但它们也绝不能同一。"简而言之，"同一"指的是一个人或一个物与自身的关系，"同一认定"就是要解决先后出现的特征反映体是不是出自同一个客体。

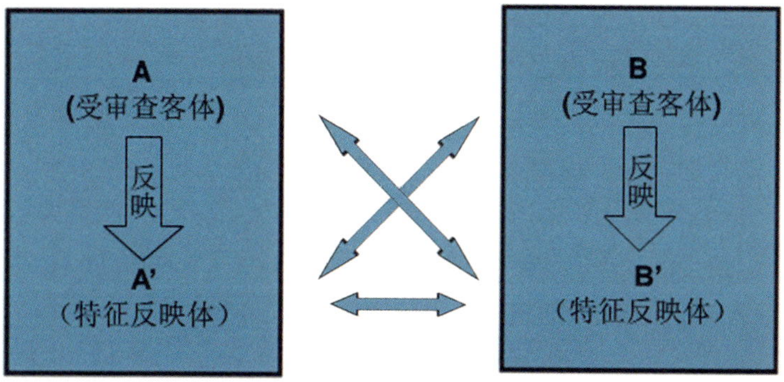

二、印章印文的同一认定

印章印文检验的对象是印文，但就其本质而言是解决印章的同一性问题。因为印文是印章在承载客体上的特征反映体，所以根据两枚印文的相同与否来确定印章是否同一。

通过对未知印章的特征反映体与已知印章的特征反映体进行比较、鉴别，来判断它们是否来自同一枚印章，即不同时空条件下形成的印文是否为同一枚印章盖印形成。

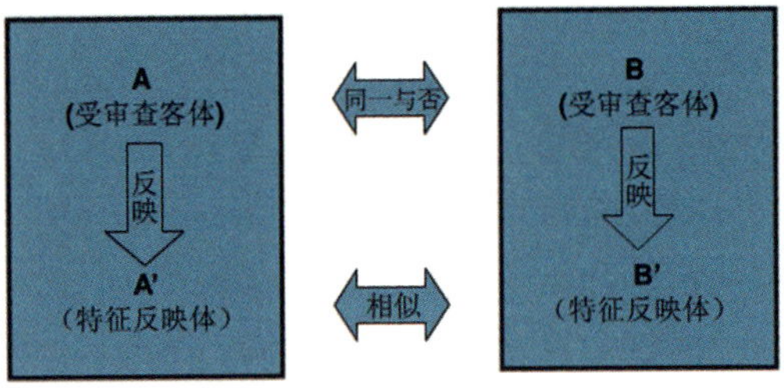

在实践中，通常采取 A'—B' 的形式进行比对，然而特定的一枚印章可以盖印出很多印文，出现多种形态的特征反映体，在不同时空条件下盖印的印文无法完全相同，需要检验人员判断哪些特征是印章自身特征的真实反映，哪些是由其他因素变化造成的非稳定性特征，这是一个较难的筛选过程，也可能因此出现误判。所以在有条件的时候可采取 A'—BB' 的模式，即提供已知印章，根据印章印面结构特征进行辅助筛选与利用特征，降低检验难度，减少错检。

还有一种不多见的形式，即 AA'—B' 的模式，例如委托方要求对持有的几易其主的印章与原备案的印文进行比较，以确定此枚印章是否为原备案的印章。此模式的检验与 A'—BB' 模式相当。

剩下的只有 A—B 模式了，在司法鉴定中几乎不存在此类鉴定，两枚印章同时出现就意味着可疑印章被认定为假印章或是违规使用的印章了。

第二章

印文的形成方式鉴别

印文的形成方式是指印文成痕于载体上的方法和最终的存在状态。文书中印文的形成方式主要有直接盖印、无墨印压，还有特定情况下的工业印刷印文和打印印文等。

文书中印文的真伪在一定程度上决定着文书的真伪，而印文的形成方式又直接关系到印文的真伪。一般而言，能够形成印文式样的一切方法皆有可能被用来伪造变造印文。

近年来，在文书鉴定实践中，利用真实印文篡改变造文件的案件很多，并且出现了利用真实印文为印稿采用各种复制手段伪造印文制作虚假文书的情况，如彩色激光打印机、彩色喷墨打印机打印，特别是利用彩色印刷设备单色印刷的印文，其组成颜色单一，在外观上与真实印文极为相似，具有较强的欺骗性。只有先确定印文的形成方式才可进行下一步的检验工作，若检材印文形成方式异常，那么检材文件的可信度就大打折扣了，或可以直接认定伪造了。

因此，鉴别印文的形成方式是印章印文同一认定、揭露伪造变造印文事实和手法的首要步骤。

第一节　印制印文鉴别

印制印文是指利用各种印刷、打印设备制成的印文，主要有彩色喷墨打印机打印、彩色激光打印机打印、针式打印机打印和工业印刷法印制等。

一、彩色喷墨打印印文的鉴别

喷墨打印机按工作原理可分为固态喷墨打印和液态喷墨打印两种。常见的为液态喷墨打印机，根据喷墨方式又可分为连续式和随机式两种。都是在打印机软件的控制下将墨滴喷射到打印介质上来完成打印工作的，是一种造价较低的打印记录方式。

一般彩色喷墨打印机的墨盒和喷头是分离的，使用的墨水有四色、六色之分。打印时由喷嘴喷射出不同的基色，用以组合成所需的颜色。受打印机设计原理和分辨率的限制，打印图文会在色彩过渡或单一色彩边缘出现其他颜色的墨点痕迹。在自然光下目测，打印印文颜色较深，色泽暗淡。在高倍显微镜下观察，会发现打印印文除红色外还存在洋红色、淡黄色、蓝色等点状墨迹，主要分布于印文边缘及露白区域，多以独立点状存在，且印迹无盖印时的冲击痕和挤墨现象。采用少色组合的喷墨打印机或采用"精打"模式打印可减少杂色的种类，但无法消除杂色，这是由喷墨打印的原理所决定的，是无法克服的。喷墨墨水属水基型染料，渗透性强，会与纸张纤维紧密结合，纸张图文上无固体颜料颗粒，也没有油渍扩散现象。

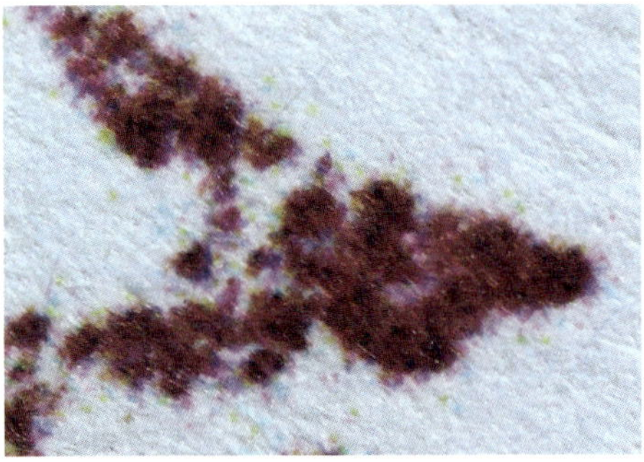

EPSON R270"文本"模式打印

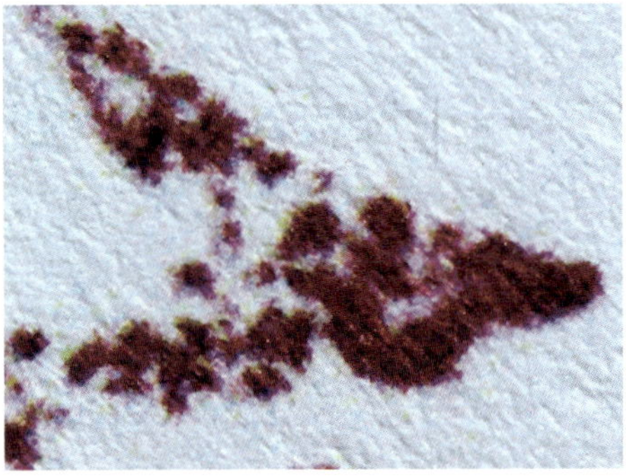

EPSON R270"照片"模式打印

二、彩色喷墨印刷印文的鉴别

2013 年由司法部司法鉴定科学技术研究所组织的印章印文鉴定能力验证题目就是以盖印印文为模本，使用数码喷墨印刷机（型号为 1C + cumcolor）印刷形成[1]。

这类印文呈现出笔画墨迹均匀、平实，由呈横条状分布的色点组成，且横条方向与打印进纸方向垂直，印文线条边缘不够整齐、圆润，有锯齿状形态特征，印文色料渗透于纸张纤维中，无立体感，无印油洇散迹象，无盖印所致的挤墨、抑压特征。与彩色激光打印机打印不同的是印文色彩单一，印文留白处及纸张其他部位无明显的打印疵点和暗记特征。

喷墨印刷印文

印文局部

三、彩色激光打印印文的鉴别

彩色激光打印机与普通激光打印机一样，都是利用激光扫描，在硒鼓上形成电荷潜影，然后吸附墨粉，再将墨粉转印到纸上。与普通激光打印机所不同的是，彩色激光打印机使用蓝色、品红、黄色、黑色等四种墨粉，组成 CMYK 色系，打印时按照打印程序的设定根据需求选取不同的碳粉，在打印红色印文时经过 CMYK 色系调和，实现红色打印。

[1] 司法部司法鉴定科学技术研究所编著：《2013 年司法鉴定能力验证鉴定文书评析》，科学出版社 2014 年版，第 488 页。

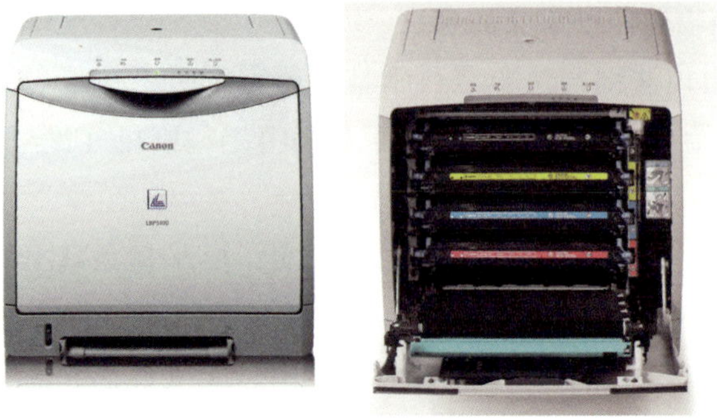

彩色激光打印机与硒鼓组合

彩色激光打印机打印出的“印文”在纸张上呈凸起状，打印粉末颗粒堆积于纸张纤维之上，显微镜下可观察到“印文”有较强的立体感，且打印表面平整，在测光下观察可发现较为明显的打印墨粉光泽。打印机因打印质量、分辨率的不同还会在笔画边缘出现散布的打印墨点及杂色。打印墨粉可以从纸张表面刮擦去除。

早在20世纪80年代，美国、法国、荷兰等国政府与各打印机、复印机生产厂家之间展开了据称是为了防止彩色激光打印机被用来制造伪钞和仿造其他重要文件的防伪研究，在彩色激光打印机或复印机、彩色激光数码复合机中嵌入芯片，印制输出的稿件中就会形成由黄色墨点组成的点阵暗记，这些点阵暗记代表着打印机的型号、打印文件的时间等信息。例如佳能（Canon）、惠普（Hp）、东芝（TOSHIBA）、理光（RICOH）、爱普生（EPSON）、施乐（Xerox）、利盟（Lexmark）等品牌的彩色激光设备。

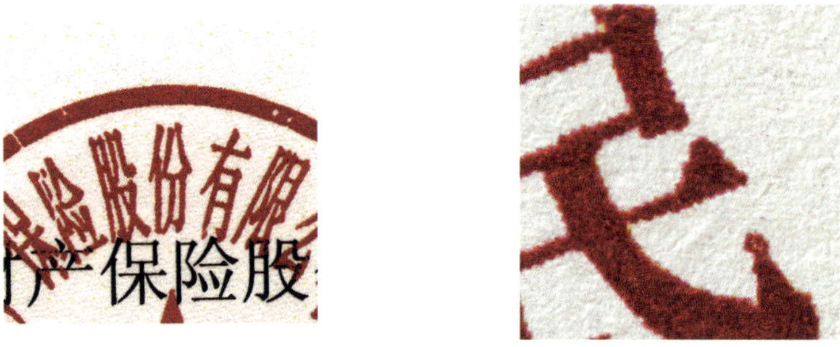

彩色激光打印印文（局部）

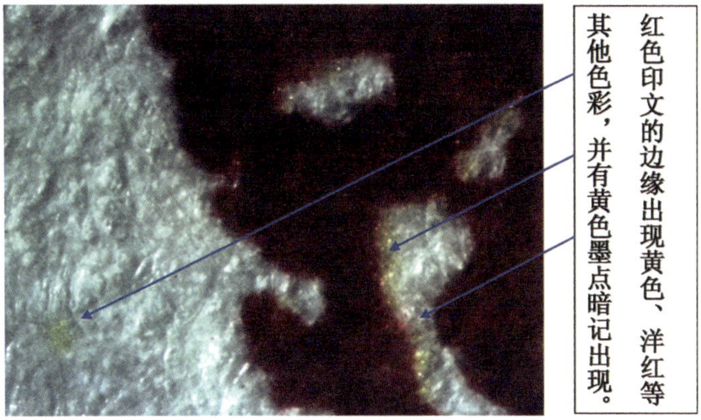

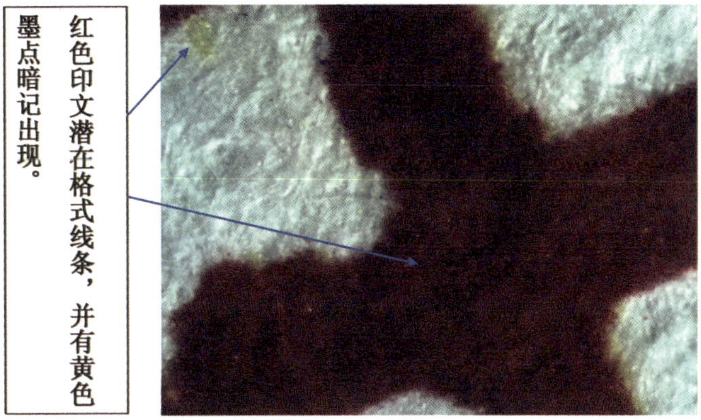

在辨别印文形成方式时主要看印文的图文特征，而不能见到纸张上有黄色打印暗记就判断印文是打印的，也有可能是印章盖印在彩色激光打印机打印的文件上。

四、针式打印机打印印文的鉴别

针式打印机是问世最早的一种打印设备，它是利用打印针击打色带将色带中储存的墨水转印到纸张上，从而实现打印，是典型的击打式打印机。其打印头组件是打印机的核心部分，分别由打印头、色带、字车和传动皮带等构成。

打印头的印字面是由一列或数列直径为 0.2mm 的钢针组成，目前常见的有 12 针和 24 针两种，12 针通常会以单列或双列形式排列，而 24 针则以双列形式排列。每一根针都由一个电磁铁驱动，打印时电脑字库的点阵信息控制电磁铁的动作，当有打印信号时，有一脉冲电流通过电磁铁的线圈，使其产生磁性吸合衔铁并使打印针向前击出，撞击色带后在纸张上着墨，在机械力的作用下纸张纤维形态结构发生改变，产生凹陷，并黏附墨水，形成具有立体感的打印图文，打印图文的笔画就是由许多这样的圆点组成的，当打印针断损时就会在图文中出现条状打印空缺。打印机配置的色带有黑色、蓝色、红色等不同色彩可供选用。也可以打印无碳复写纸或采用衬垫不同颜色的普通复写纸进行打印。

利用针式打印机打印的印文会出现纸张凹陷，印文由众多打印凹点组成，纸张背面纤维凸起，图文中有打印换行或打印针缺失导致的横向线条痕迹，图文边缘容易出现阶梯状换行打印痕迹，无印油堆积、洇散等迹象。衬垫复写纸打印的印文会在图文以外的部分遗留复写纸色料和擦蹭印迹。

打印印文

细节特征

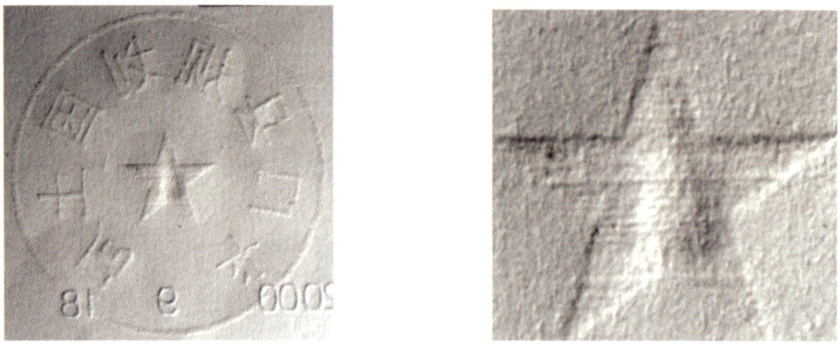

纸张背面凸起特征

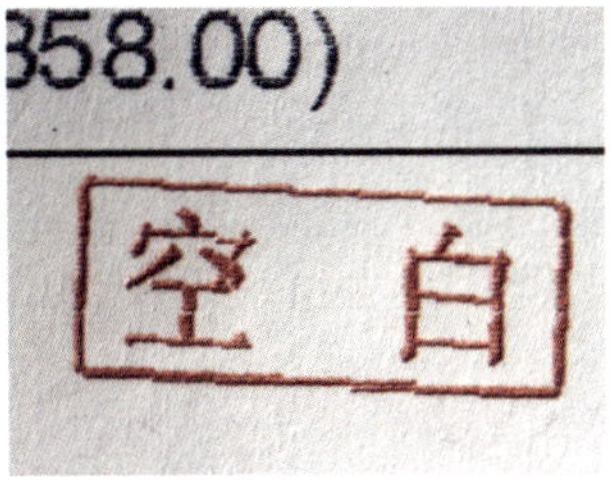

打印印文　　细节特征

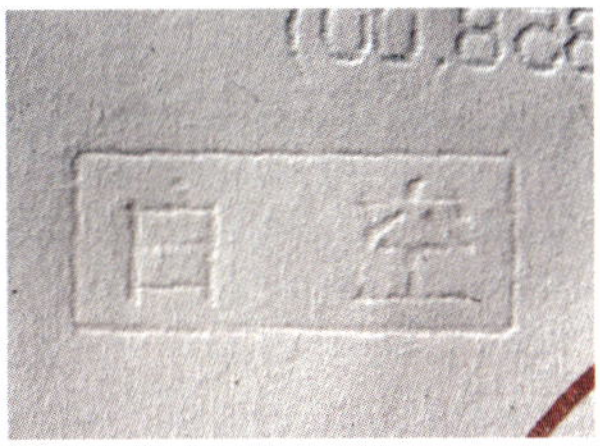

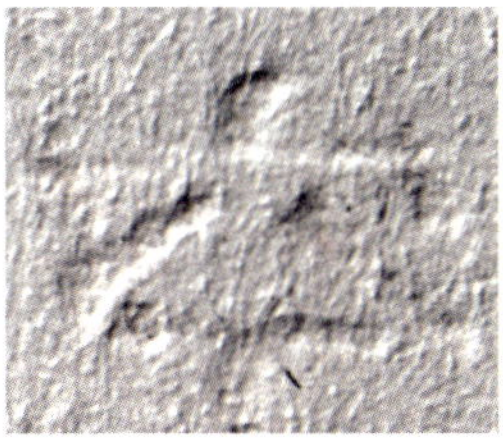

纸张背面凸起特征

（广东省公安厅 胡迎梅 提供）

原稿　　针式色带打印

衬垫红色复写纸针式打印　　衬垫蓝色复写纸针式打印

蓝色无碳复写纸针式打印

五、工业印刷法印制印文的鉴别

可用于印制印文的工业印刷法有胶版印刷和丝网印刷等。

胶版印刷又称平版印刷，这种印刷方法是通过滚筒式胶质印模把沾在胶面上的油墨转印到纸面上，由于胶面是平的没有凹下的花纹，所以印出的纸面上的图案和花纹也是平的，没有立体感。

丝网印刷属于孔版印刷，它与平印、凸印、凹印一起被称为四大印刷方法。孔版印刷又包括誊写版、镂孔花版、喷花和丝网印刷等。孔版印刷的原理是：印版（纸膜版或其他版的版基上制作出可通过油墨的孔眼）在印刷时，通过一定的压力使油墨通过孔版的孔眼转移到承印物（纸张、陶瓷等）上，形成图像或文字。印刷时通过刮板的挤压，使油墨通过图文部分的网孔转移到承印物上，形成与原稿一样的图文。丝网印刷设备简单、操作方便，印刷、制版简易且成本低廉，适应性强。

丝网印刷形成的印文墨层较为厚实，线条笔画等图文边缘不整齐，有锯齿状形态特点，印文浅淡处可以看到网格化形态特征。

工业印刷法使用的是印刷油墨，而印章的盖印使用的是印泥或印油，两者的物质成分组成、理化特性、印迹微观形态、与纸张纤维的结合以及对印文特征的表现均存在较大的差异。

六、直接盖印印文的一般特征

由印章盖印的印文，无论是蘸取印泥还是印油，印文均呈现出单一的色彩，更不会存在规律性排列的粉末或墨点，印泥或印油在与纸张结合后，溶剂开始向纸张纤维内部渗透，油脂会在纸张纤维中进行扩散，溶质则会与纸张紧密结合。透光观察，可见印文边缘有油渍扩散现象（光敏印油很少有此现象），也可将可疑印文扫描后在 PHOTOSHOP 软件中打开，利用“图像”栏中“调整”功能，对图像做“亮度/对比度”调试，将图像的亮度降低、对比度加深。若印文的边缘存在油渍扩散现象，那么印文一定是盖印形成。盖印的印文不易在短时间内干涸，在颜色较深处擦蹭可使印文色料转印。

盖印印文的色料堆积及油渍扩散特征

第二节　二次转印印文的鉴别

二次转印印文是一种特殊的伪造印文手法，它是利用某种介质对文件上盖印的真实印文进行拓压转印，再将转印到介质上的印文二次印压转印到所要伪造的文件材料上。转印形成的印文大小与真实印文相同，细节特征反映一致，仿真度极高。因此，使用传统的检验手段对此类印文进行检验，很容易出现失误。

印文转印是利用印油的可转移性，将印文印油物质通过某种介质整体转印到伪造文件上。由于二次转印印文与盖印印文的盖印物、形成方式的不同，使二次转印印文具有与一般仿刻印章盖印印文不同的独特印迹。

在两次的转印过程中，每次都要损耗一部分印油色料，这就使转印形成的印文出现印油量偏少、总体色泽较暗淡、缺少光泽、表面粗糙且无明显的印油渗透现象、露白部位增多、印文边缘不够分明等成痕特点。而真实盖印的印文则颜色鲜艳，边缘清晰，露白特征稳定。

转印印文时要对平铺在真实印文上的转印介质施加一定的压力并进行反复擦压，以确保有更多的印油被转印。被转印的对象多为真实文件中盖印的印文，这些文件通常都存在朱墨交叉，由该印文转印形成的转印印文会因朱墨交叉而出现增多的“露白”现象，如书写字迹笔力压痕较深时，盖印印文会出现中断，或印油与打印、复印字迹墨粉相互渗透融合，使交叉部位的印油转印能力降低，导致文字与印文交叉处的印油未能被转印等，因此朱墨交叉部位在二次转印印文上形成了原文字、格线的“露白”线痕。

根据洛卡德原理，在转印印文色料的同时，被转印的真实文件上的字迹色料尤其是与印油结合后，也具有较强的转印能力，因此二次转印后还可能出现文字色料的转印。真实文件上印文及其周边范围内出现的打印、书写墨迹亦会由自身具有的可转印性被转印到伪造的文书中，形成微量的转印物质痕迹。除转印的印文印油、文字色料外，转印介质也会有不同程度的转印。常见的转印介质多含有蜡，由于转印印文时，需要对介质进行按压、刮擦，就会导致部分介质材料在力的作用下发生不同程度的转印。以蜡为介质转印的印文表面会形成一层薄蜡膜，用手触摸较光滑，在上面书写时不吸收墨水，笔画呈断续状。

由于对印文施力，所以在原文件和伪造文件的印文处纸张变薄，表面变光滑，逆光观察会出现类似于“水印”的效果。因此在实际检案中即使没有发现被转印的对象，也可根据印文特征及文件中不应出现的转印物质痕迹判断印文是否为转印印文。

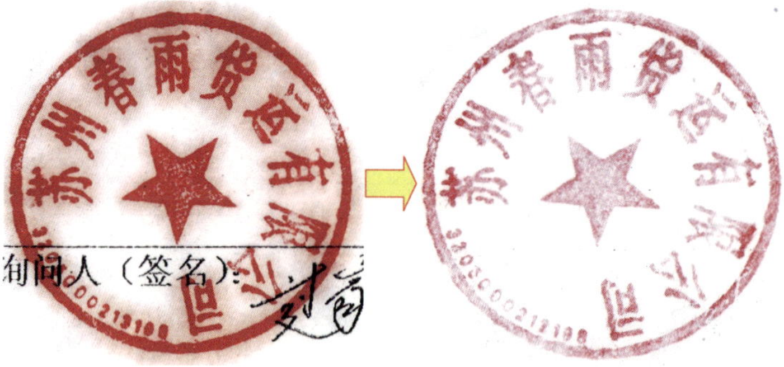

被转印印文　　　　转印印文

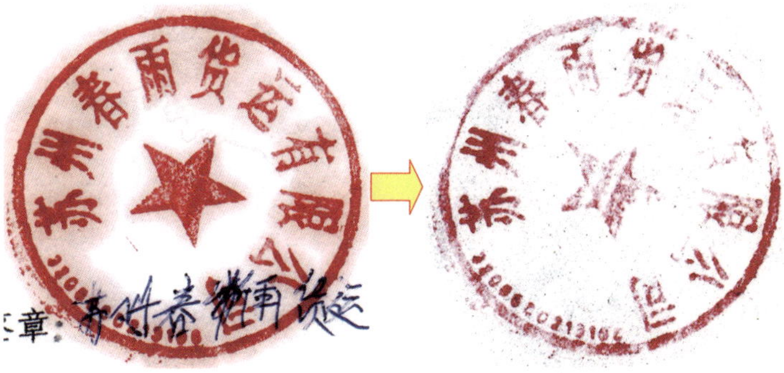

被转印印文　　　　转印印文

第三节　变造印文鉴别

一、遮盖印章部分文字盖印印文

遮盖印章部分文字盖印是指利用纸张或胶带盖住需要隐藏的文字再进行盖印的行为。常见的是将合同专用章、资料专用章等专用印章的名称文字盖住，伪造成一枚只显示单位名称的“公章”。这种印文常出现空白区域过大、布局异常等特点，有的还会反映出遮盖物的印迹或所遮盖文字的残留笔画。

遮盖物印迹特征

如下图，印文的中文字迹呈弧形排列，空白区域较大，布局异常，或在空白区域出现了文字笔画残留，或在内边框处形成一个直角露白，或是造成星徽边角缺失等。

真实印文

遮盖印文

真实印文

遮盖印文

真实印文

遮盖印文

二、直接变造印文

直接变造印文是直接在已有的真实印文上对局部内容进行撕裂、粘贴、覆盖等方式变造的印文，如将印文中“资料专用章”字迹用胶带粘除，再将他处粘来的“合同专用章”字迹贴于上面来改变印文性质。

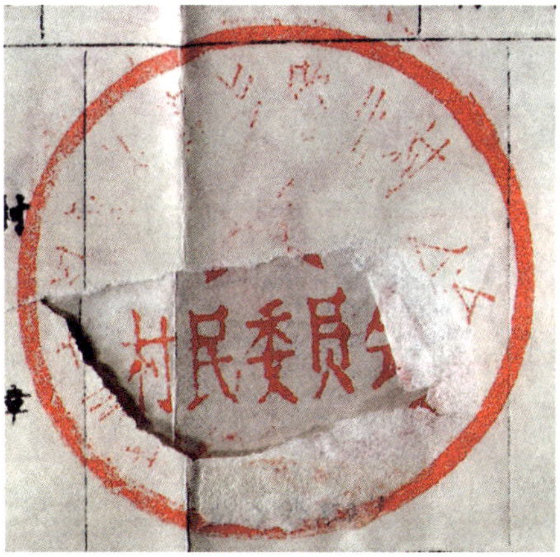

变造印文撕揭特征

第四节 变造印章盖印印文的鉴别

变造印章盖印印文主要是指将印章中部分文字用刻刀等工具剔除，只剩所需内容，再盖印印文的行为。除光敏印章外，其他类型的印章皆可用这种方式进行变造，经过这种方式变造的印章不易复原。

印文与印章印面特征

如上图，印文布局失调，缺乏美感，空白区域过大，在印章上会反映出剔刻痕迹，根据剔刻痕迹可辨识出被去除的文字为“资料专用章”，原本一枚工程项目资料专用章摇身一变成为工程项目部印章，性质完全不一样了。这种变造属损毁性改变，无法复原。

第三章

印章印文的三级特征

传统的印章印文鉴定将印文特征划分为一般特征和细节特征，并“一刀切”式的适用于所有印文，这种理论是存在缺陷的。在印文鉴定中，某类印文特征的应用价值会因印材和制章工艺的不同而表现不同。只有弄清现代印章常见的印材与制章工艺以及各类印章所表现出的盖印特点，才能有针对性地、更有效地、分价值级别地运用不同类型的印文特征进行印文鉴定。

传统理论和主流教科书将印文特征统划为一般特征（也称规格特征）和细节特征两大类。其中，一般特征包括印文的内容、形态、大小、文字排列、边框类型、字体等。细节特征包括印文的字间位置和距离、笔画线条的交接和搭配位置、笔画线条间的比例、笔画线条的倾斜、笔画线条形态、星徽结构、印面结构的疵点和缺损、盲字等。并认为“可疑印文与真实印文的规格性特征不同，即可认定可疑印文是伪造的，而细节特征即使精心仿制也不可能和真印文完全一样，所以细节特征在印文鉴定中具有较大意义”〔1〕。

笔者认为，当前印章的材质及制作工艺多种多样，各种类型印章盖印的印文各具特色，细节特征的表现相异，仿制的难易程度也不同。同时，不同类型印章印面材料的稳定性不同，有的印章自身变化较小，稳定性好，而有的自身变化较大，各时段的印文规格及细节特征都会发生改变，所以，印文除表现出概貌特征和细节特征外，还常会反映出时段性的变化特征，即时段性特征。因此，在印文鉴定中不能只依据或过度依赖重叠检验、防

---

〔1〕 贾玉文、邹明理：《中国刑事科学技术大全·文件检验》，中国人民公安大学出版社 2002 年版，第 989 页。

伪线检验来判别印文的同一性，应比对不同时期的印文样本，寻找印文变化规律，并注重同期样本的使用，进行综合检验分析。由此，印文的特征分类不能一概而论，应根据印章种类具有针对性的划分，并对各类特征的应用价值进行分级。笔者将印文特征分为三大类，即三个价值级别特征。

1. 印文的概貌特征，是指能够反映印文式样的一般性特征，这类特征是印文的基本构成要素的整体性感观表现，是显见的，一般不受印油种类、盖印力度与角度、印章老化或磨损等因素影响的特征，是印文同一认定的基本条件。此类特征的不符即属于本质性差异。同时，此类印文特征也是易于复制仿制的特征，在印文同一认定中应用价值偏低，被归为印文的第三级特征。只能作为否定同一的依据，而不能作为认定同一的主要依据。

2. 印文的细节特征，一般指一枚印文所具有的排他性的个体特征，是印面本身所具有的细小的特征，是难以被复制、仿制的，是印文鉴定结论的重要依据，属印文的第二级特征。

3. 印文的时段特征，也称历时性变化特征，是指印章在长期的使用、保管等过程中因印材老化、缺损或印染介质等因素影响而产生的能够客观、规律地反映印文阶段性形态变化的特征。时段特征主要分为两大类，一类是印面固有结构自身变化的反映，如印面磨损、残缺、缩放等；另一类是印染介质导致的非印面固有结构的印迹反映，如附着物的种类、位置形态、墨迹分布等。这类特征是无法被复制或极难被仿制的，不仅是作为同一认定的重要依据，而且还是判断印文盖印时间的标尺，在印文鉴定中属一级特征，具有最高的应用价值。

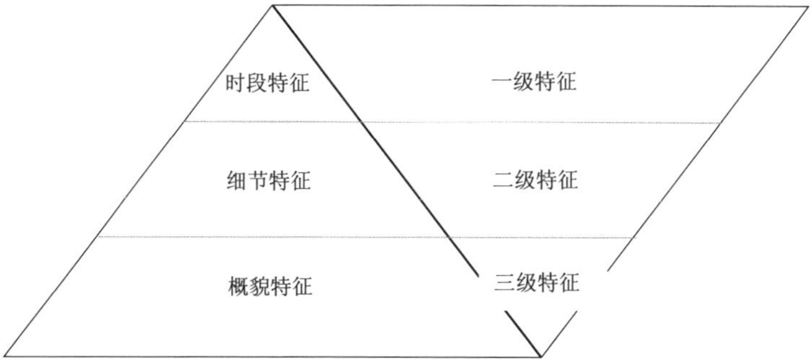

印文的三级特征与价值示意图

一、手工雕刻橡胶印章印文的三级特征分类

1. 概貌特征，主要包括印文内容、印文规格形态、印文大小（同期样本印文相比较）、内容排布位置与比例、印文边框、印文字体等。

2. 细节特征，主要包括字形、字间位置与距离、图文布局及搭配位置，笔画与线条间的交接比例、倾斜方向、形状，国徽或星徽的结构形态、印面凹凸导致印文反映不完全而产生的露白，制章瑕疵或缺损、边框形态及宽窄变化等。

3. 时段特征，主要包括印面磨损、残缺、附着物（脏印）、墨迹分布等。

二、激光雕刻牛角印章印文的三级特征分类

1. 概貌特征，主要包括印章材质及制章工艺、印文内容、印文形态、印文大小（同期样本印文相比较）、内容排布位置与比例、印文边框、印文字体、印文编号等。

2. 细节特征，主要包括字形、字间位置与距离、笔画线条长度与位置搭配、笔画与线条间的比例、笔画与线条的倾斜方向、笔画与线条的形状、边框形态及宽窄变化、星徽的结构及棱角形态、阶梯状锯齿痕、雕刻线条方向、留白底纹、露白、摩擦线条及方向、防伪线痕、缺损、生物角质螺旋纹形态大小及出现的位置等。

3. 时段特征，主要包括印面磨损、笔画或棱角缺失、附着物（脏印）、墨迹分布等。

三、激光雕刻橡胶印章印文的三级特征分类

1. 概貌特征，主要包括印章材质及制章工艺、印文内容、印文形态、印文大小（同期样本印文相比较）、内容排布位置与比例、印文边框、印文字体、印文编号等。

2. 细节特征，主要包括字形、字间位置与距离、笔画线条长度与位置搭配、笔画与线条间的比例、笔画与线条的倾斜方向、笔画与线条的形状、边框形态及宽窄变化、星徽的结构及棱角形态、阶梯状锯齿痕、雕刻线条方向、露白、摩擦线条及方向、防伪线痕、缺损等。

3. 时段特征，主要包括印面磨损、笔画或棱角缺失、附着物（脏印）、墨迹分布等。

四、原子印章印文的三级特征分类

1. 概貌特征，主要包括印章材质及制章工艺的外在特征反映、印文内容、印文形态、印文大小（同期形成的盖印力度相当、印迹浓淡相近的样本印文相比较）、印油种类（同期样本印文相比较）、内容排布位置与比例、印文边框、印文字体、印文编号、图文边缘整齐程度等。

2. 细节特征，主要包括字形、字间位置与距离、笔画线条长度与位置搭配、笔画与线条间的比例、笔画与线条的倾斜方向、笔画与线条的形状、边框形态及宽窄变化、星徽的结构及棱角形态、留白处激光雕刻线条的方向、出现的位置、形态，露白、防伪线痕、缺损、印章外壳边框印迹、印文中心（圆心）与印章外壳边框中心（圆心）的相对位置等。

3. 时段特征，主要包括印面磨损、笔画或棱角缺失、附着物（脏印）、墨迹浓淡变化及分布、印文大小、印油种类等。

五、回墨印章印文的三级特征分类

1. 概貌特征，主要包括印章材质及制章工艺的外在特征反映、印文内容、印文形态、印文大小、内容排布位置与比例、印文边框、印文字体等。

2. 细节特征，主要包括字形、字间位置与距离、笔画线条交接与搭配位置、笔画与线条间的比例、笔画与线条的倾斜方向、笔画与线条的形状、国徽或星徽的结构形态、露白、疵点或缺损、印章外壳支撑点的形态位置以及与印文边框的距离、印油种类（同期样本比较）等。

3. 时段特征，主要包括印面磨损、残缺、附着物（脏印）、墨迹分布与浓淡、印油种类等。

六、光敏印章印文的三级特征分类

1. 概貌特征，主要包括印章材质及制章工艺的外在特征反映、印文内容、印文形态、印文大小（等量印油、同等盖印力度样本相比较）、印油种类（同期样本印文相比较）、内容排布位置与比例、印文边框、印文字体、印文编号等。

2. 细节特征，主要包括字形、字间位置与距离、笔画线条长度与位置搭配、笔画与线条间的比例、笔画与线条的倾斜方向、笔画与线条的形状、边框形态、星徽结构、制章瑕疵造成的露白的位置与形态（固有特征）、防伪线痕、缺损、印章边框与印面体间隙漏墨位置与形态、印材与外边框间隙印迹、印文中心（圆心）与印章外边框中心（圆心）的相对位置等。

3. 时段特征，主要包括印油浓度、印油种类、印油浓淡变化及分布、油渍侵染范围、因印油浓度导致的露白的位置与形态等。

七、防伪印章

防伪印章主要是在印章印面刻制具有难以仿制的特殊性暗记或印痕，以及在印油中加入制造难度较大的并可被检测的物质。所以，在印文鉴定中除了鉴别一般性防伪线痕或暗记之外，还应注重特种光源的使用，以区别普通印油、紫外印油或红外印油等。

防伪印章印文的鉴定以特定的防伪特征为高等级特征。其中，印油防伪特征的特征价值又高于印痕防伪特征。

第四章

印章印文的概貌特征

第一节　印材及制作工艺特征的判别

传统的印章印文鉴定主要是依据印文的规格性特征（一般特征）与细节特征进行比对分析的。但随着制章工艺的发展，仿制印章的技术也“与时俱进”，其中高仿真印章可以做到与被仿制印章的大小规格相同，印文的细节特征反映基本一致，难以区分，给检验工作带来了极大的困难。在这种情况下，鉴定人员对印章的印材及制作工艺特征的掌握与利用就显得十分重要。

印章是捺印印文的直接造痕客体，不同印材对印泥印油的吸附能力也不同，不同工艺制作的印章其印文的表现特征也各有差异，所以在正常条件下盖印时，印材与制章工艺直接影响印文的盖印质量、形态等特征的反映，并可以通过印文印迹的形态反映来判断印章材质及制作工艺。

近些年来高仿印章的出现，使我们不得不摒弃原有的检验思路。现代印章印文的检验首先要确定印章的材质以及制作工艺，排除各种高仿的可能，再去寻找有价值的特征进行比对。若检材印文与样本印文的印材或制作工艺不同，那么无论两者的相似度有多高，都不具有同一认定的最基础的前提条件，可据此出具否定同一的结论。

检材

样本

上图中检材印文与样本印文的规格相同，编号相同，防伪线痕一致，除阿拉伯数字“1”的字形略有差异外，两枚印文经重叠后无明显偏差，基本能够重叠一致。根据传统的检验理论，有的鉴定人可能会出具同一认定的结论，然而，根据印文形态特征可判断两枚印文的印材与制章工艺均不相同，不具备同一认定的最基础的条件。

样本印文盖印清晰，色彩艳丽，染料型印油盖印，五角星图案墨迹浓淡过渡自然，文字图案边缘整齐，红白分明，为光敏印章盖印形成。而检材印文由颜料型印油盖印，在“山”、“产”、“有”、“司”等字的横画上都出现了露白线条，在“天”、“限”、“公”等字笔画端部均出现了刻制时产生的露白点，属于典型的激光刻制橡胶印章盖印形成的印文。因此，即使细节特征再相似也只能出具否定同一的结论。

检材

样本

上图中样本印文色泽虽不是鲜红色，但印油量适中，分布均匀，字迹清晰，图文边缘整齐，印面清洁，系光敏印章盖印形成。而检材印文在留白处存在明显的纵向细条纹，显示出激光雕刻印迹和雕刻方向，系典型的激光雕刻印章盖印形成。两枚印章的印材和制作工艺皆不相同，具有不同的个体特征反映。

那么，如何依据印文来准确判断印章的材质和制作工艺就显得尤为重要。笔者根据各类印章印文的典型性特征制作了一张图表，其中罗列了 4 类印材 3 种制作工艺共计 7 种常见印章印文的典型性特征，帮助读者进行区分判断。

当然，并不是所有印文都能准确无误地判断出印章材质及工艺，但印文中若出现某类典型性印迹特征就可准确地进行印材与制章工艺的判断了。

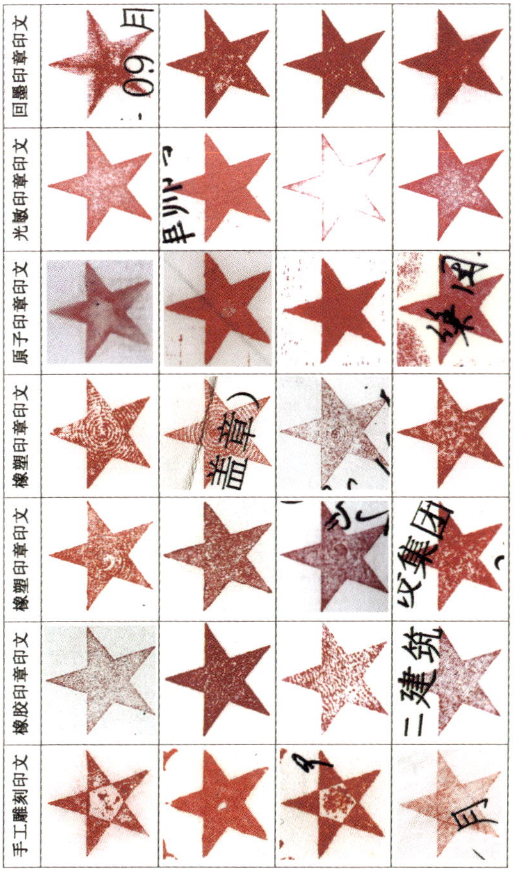

根据典型特征判断常见印章制作工艺及材质流程图

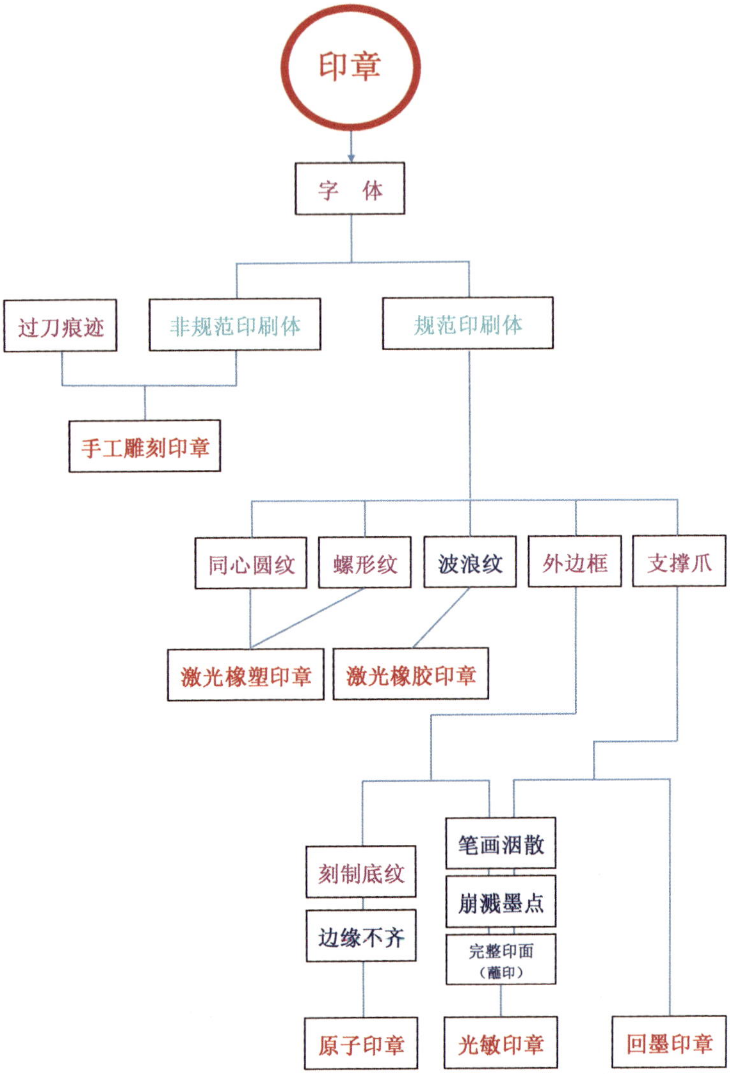

根据典型特征判断常见印章制作工艺及材质流程图

第二节　印文内容特征与检验

印文的内容是指印文中表明所代表的单位、机构、部门的名称或个人的姓名，以及印章名称（各类专用章）的文字，除此还有徽记、边框等组成部分。在鉴定中可利用的内容特征主要有：

1. 边框形态。如单边框、复边框、多边框以及圆形框、椭圆框、方形框、矩形框，还有边框的宽窄等。

2. 星徽、党徽、国徽以及企业标识等徽记图案。

3. 文字内容。即印章印文中表明单位名称、印章名称、个人姓名的文字。

4. 编码。自2000年12月13日起，经公安机关准刻备案的企事业单位、院校、社会团体和民办非企业机构的公章在制作印章时均要求刻铸编码。编码中第1~6位代表印章的审批单位，第7~13位由各地公安部门归口管理单位自定。

上述几类特征具体示例见下图：

检　材

样　本

检　材

样　本

检 材

样 本

这类特征的异同是显而易见的，是非专业人员都可以快速准确进行判断的特征，但在司法实践中确有这样的鉴定委托。产生这一现象的主要原因是审判人员担心因办错案而被追究责任，所以精心打造结实的“证据链条”，过分依赖鉴定和鉴定结论。因文书鉴定实行按诉讼标的额比例收费，这样一来就增加了诉讼成本，也延长了办案时间，效率降低，也使得委托检验的范围扩大，属于滥用司法鉴定资源。

第三节 印文布局特征与检验

印文的布局是指印文中文字、图案、边框等各组成部分间的排列组合、搭配比例等空间分布关系。各组成部分间的排列布局可以作为稳定的印文特征，如文字与星徽的位置关系、边框与星徽的间距、边框与文字的间距、字与字的排列位置关系及间距等。

《国务院关于国家行政机关和企业事业单位社会团体印章管理的规定》（国发［1999］25 号）中规定：国家行政机关内设立的机构或直属单位的印章，中刊五角星，外刊名称，且名称自左而右环形或名称前段自左而右环形、后段自左而右直行等。因此，通常公章是由边框、文字、徽记三部分组成，呈圆形或椭圆形。私章通常由边框和文字组成。

目前，除行政机关仍严格按照此规定制作印章外，其他许多企事业单位尤其是中外合资或外资企业的印章存在不按上述规定制章的情形，应引起注意。

对印文的布局检验通常使用画线比对法、同心圆比对法和角度测量比对法。

1. 画线比对法。将检材与样本扫描放大，在检材印文与样本印文中选取两枚印文共同具有的较稳定的若干对清晰特征点进行连线，或是将五角星的五边分别向两端延长，并与文字、边框相交，分别比较两枚印文上连线与印文星徽、文字线条相交的位置是否一致。在选点时要选择清晰稳定的特征点，并且画线要准确，否则就会失之毫厘差之千里。

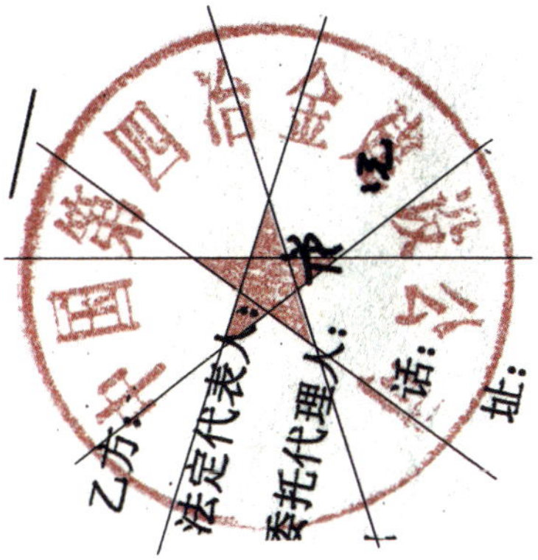

检　材

样　本

检　材

样　本

2. 同心圆比对法。将检材与样本扫描并同比例放大，在检材印文与样本印文中选取较稳定的任一清晰特征点，以此点为圆心，单位长度为半径画圆，分别比较两枚印文上圆弧线与印文文字星徽线条相交的位置是否一致。还可利用同心圆法检验印文的星徽、文字和边框的间距及比例。

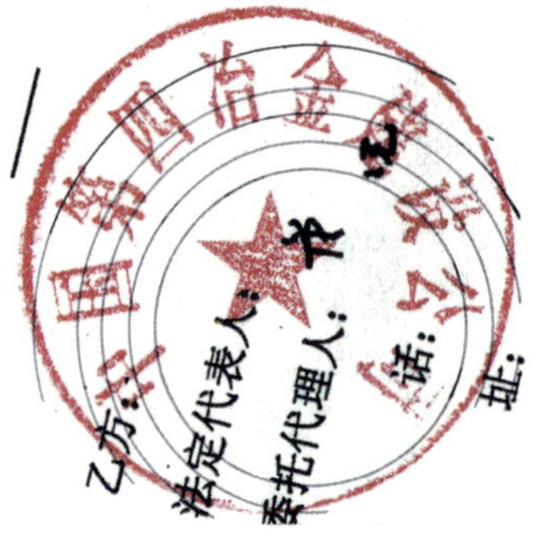

检 材　　　　样 本

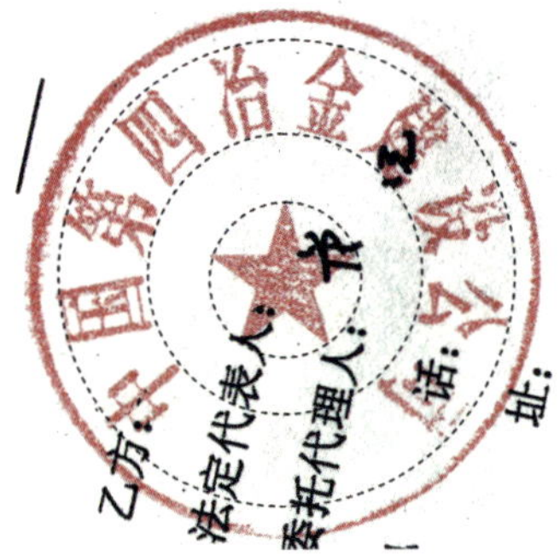

检 材　　　　样 本

3. 角度测量比对法。将检材与样本扫描放大，在检材印文与样本印文中选取较稳定的清晰特征点多处，连接任意三点构成一个角度，分别比较两枚印文上相同三点所构成的角度是否一致。

检 材　　　　样 本

检　材

样　本

第四节　印文字体特征与检验

制章软件的字库中有许多字体可供选择使用，印文的字体常见的有宋体、仿宋体、隶书体、楷书体、魏碑体、篆体等，其间又有简体字和繁体字之别，手工刻制的印章还会出现不规范的字体。印文中字体的差异可以视为一种概貌性的差异。

以公章印文中出现频率较高的“有”和“限”为例（Microsoft Windows XP 系统，Microsoft Office Word 2007 版本，非正版），详见下图：

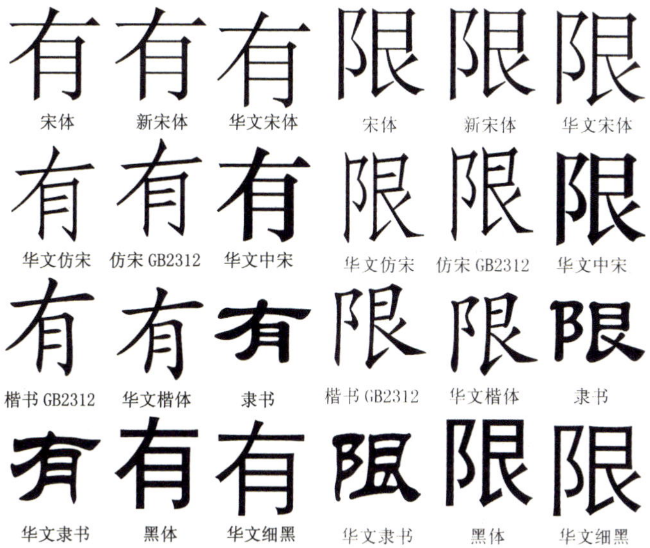

不同字体字形的“有”和“限”字

第五节　印文尺寸特征与检验

印文的尺寸是指印文边框、徽记、文字的长宽规格等具体测量数据。如圆形边框的直径、宽度，方形或矩形边框的长度、宽度、对角线，星徽线条长度、文字的长宽、角度等，对于椭圆形或不规则形印文可用纵向与横向的最大值来标示。

《国务院关于国家行政机关和企业事业单位社会团体印章管理的规定》（国发［1999］25 号）中规定国家行政机关和企事业单位社会团体印章的直径分别为 6cm、5cm、4.5cm、4.2cm、3.5cm 不等。但印章在制作过程中难免会产生误差，有多种类型的印材会受温度湿度的变化而发生改变，还会因印材长期与印油中的油脂接触而发生化学性状变化，导致印章出现规格性的改变。

在对印章印文进行尺寸特征测量时要特别注意到这一点，尽量使用同期印文样本对印文的尺寸特征进行测量比对。同时还要考虑印油量、挤墨等因素对印文尺寸的影响。

一、长度测量比对法

在检材印文与样本印文中选取两枚印文共同具有的较稳定的若干对清晰特征点，利用直尺或分规等测量工具分别比较两枚印文上两点间的距离是否一致。也可以将两枚印文在相同条件下平面扫描后利用测量软件进行测量。

检　材

样　本

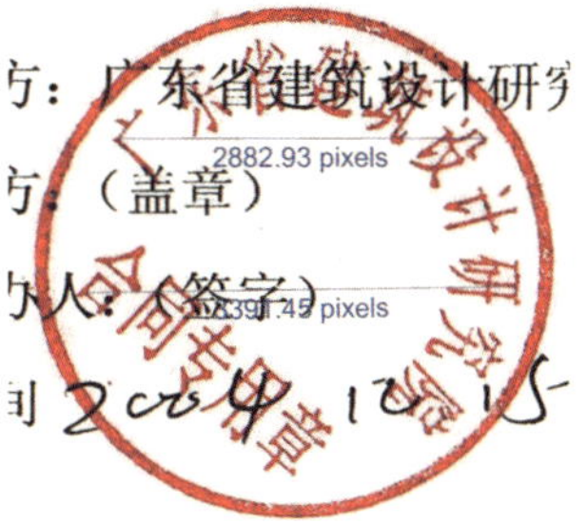

检　材

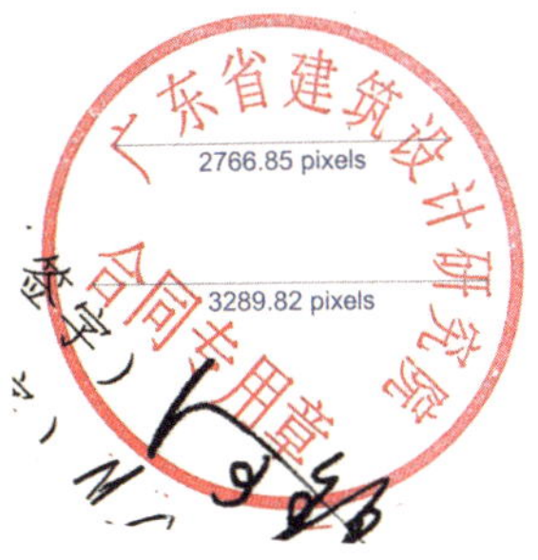

样　本

二、拼接比对法

首先将检材印文与样本印文在相同条件下进行平面扫描，生成 JPG 格式图片，再利用 PHOTOSHOP 软件的裁剪工具将样本印文（或检材印文）中文字线条较多的部位剪切，然后用移动工具将剪切部分拖拽并与检材印文（或样本印文）进行拼接，检验印文的边框、徽记、文字线条是否拼接自然。

检　材

样　本

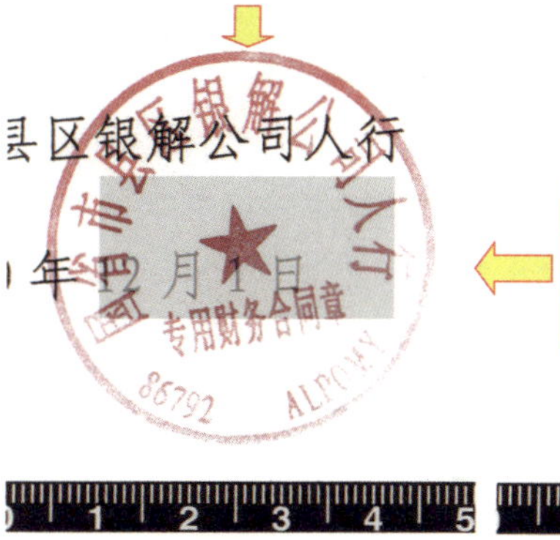

拼接比对

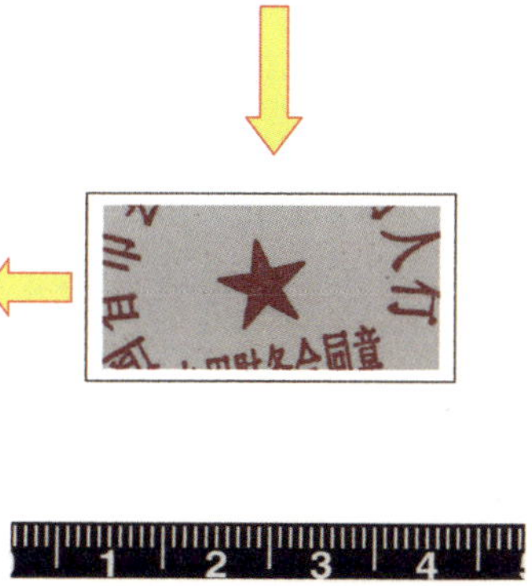

样本（局部）

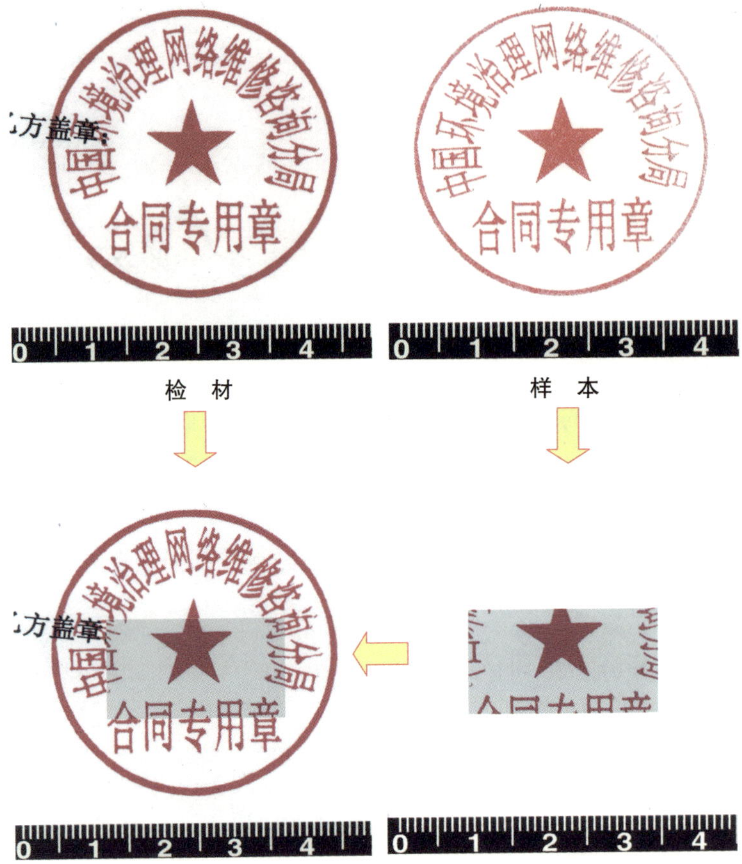

检　材　　　　样　本

拼接比对　　　　样本（局部）

此外，还可以使用比较显微镜的比对检验功能直接对检材印文和样本印文进行半圆形拼接比对。

三、重叠比对法

将检材印文与样本印文在透光条件下进行重叠，观察两枚印文的边框、徽记、文字等各组成部分能否完全重合。也可将检材印文与样本印文在相同条件下平面扫描，生成 JPG 格式图片，再利用 PHOTOSHOP 软件的移动工具将印文拖拽叠压，利用 1 ~9 数字键调节透明度，检验印文的边框、徽记、文字线条是否重叠一致。

检　材

样　本

重叠比对

样　本

检　材

样　本

重叠检验

样　本

大部分的印章材质都会存在不同程度的老化，此外印油的枯竭与加注等都会影响到印文笔画、规格尺寸的测量。在实践中有很大一部分鉴定人热衷于印文尺寸特征的比对，这是极度危险的。根据现有的仿制手段，将仿制印章制成与被仿印章尺寸一致已不是难事，相反，有些材质的印章老化明显，尺寸变化很大，尺寸特征不稳定，所以应注重同期样本的使用。

下图为2013年由司法部司法鉴定科学技术研究所组织的印章印文鉴定能力验证题目，检材印文就是以盖印印文为模本，使用数码喷墨印刷机（型号为1C + cumcolor）印制形成，在对检材与样本的拼接、重叠检验中并未检出明显差异（详见第二部分第二章）。因此，在印文鉴定中过分依赖测量检验和重叠检验是不可取的，在进行印文尺寸特征比对时应使用同期样本印文与检材印文测量比对，同时应注重印文的细节特征和时段性变化特征的应用，只有这样才能客观检验，才更具说服力，更有比对价值。

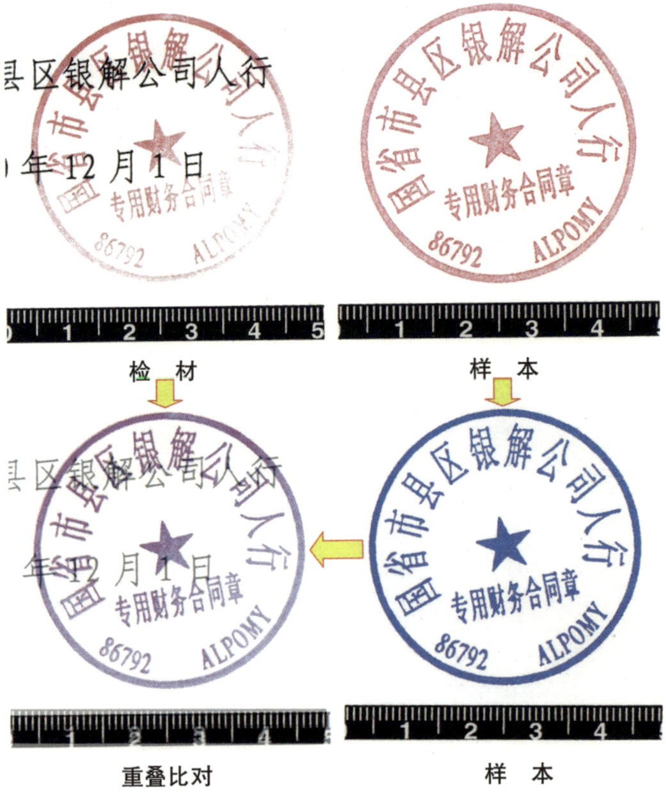

第五章

印章印文的细节特征

第一节 印文字形特征

利用电脑制版排版雕刻印章，无一例外的需要使用电脑字库中的文字，字库中的字体多种多样，不同字库的字体种类存在差异。同种字体在不同的电脑操作系统或刻章软件字库中所表现出的字形也会有所差异，例如Windows 98与Windows 2000、XP、vista的字库字形就存在差别，这还不包括系统外的可添加的字库软件。字体字形的多样性导致了在不同条件下制作的规格完全相同的两枚印章其印文存在字形差异的可能性。以公章中出现频率较高的“有”和“限”二字为例，即可体现出同种字体有众多不同的字形表现形式。

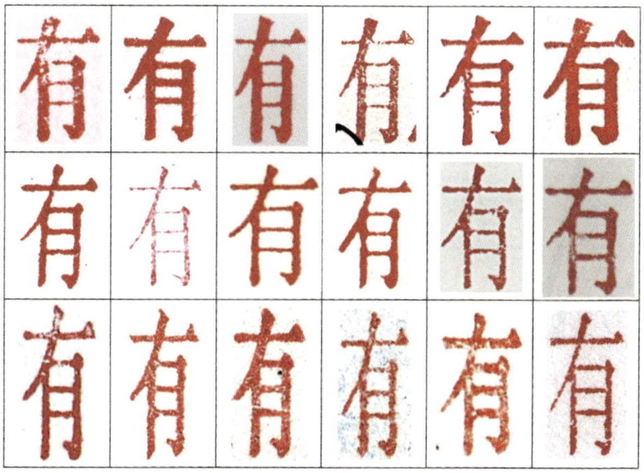

不同字体字形的“有”字

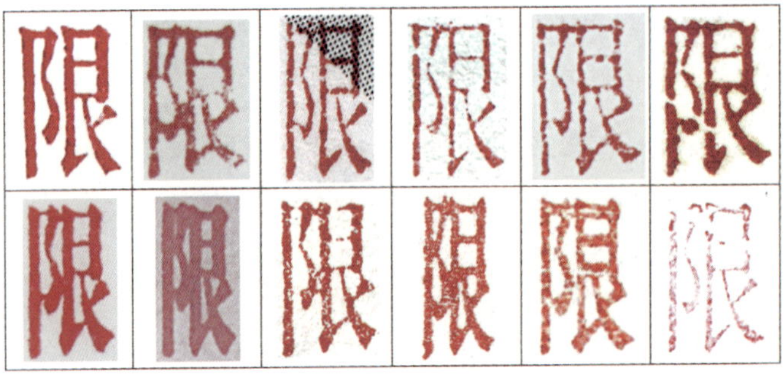

不同字体字形的“限”字

下图中检材印文与样本印文大小相差无几，但字体字形却表现出较大的差异，如“环”字中“王”与“不”笔画相对位置、“宇”字勾笔形态、“拉”字中“立”部笔画位置、“制”字中笔画长度等。

检材

样本

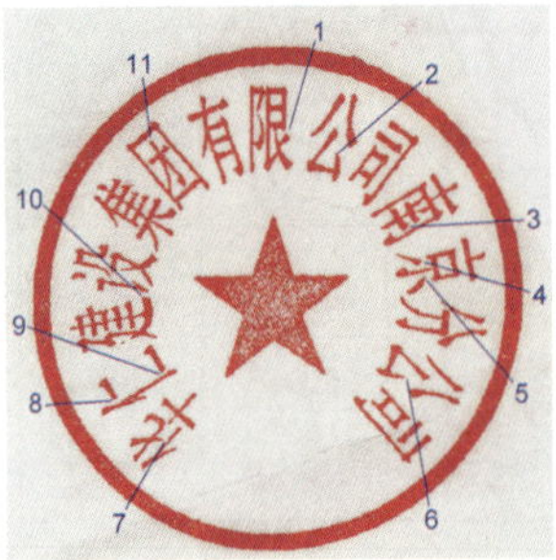

检　材

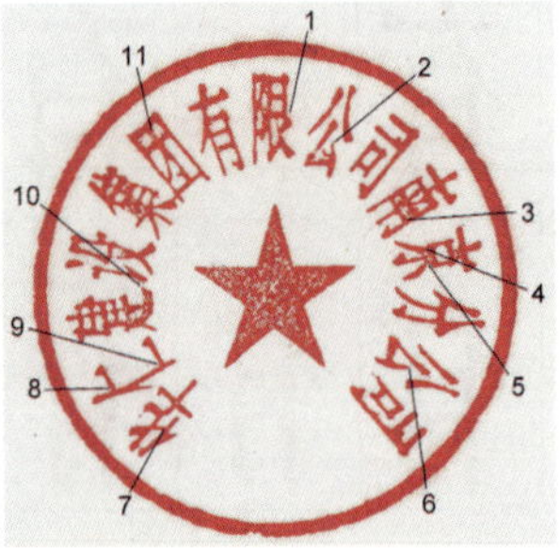

样　本

除电脑排版制章会产生字体字形差异外，手工雕刻印章本身就存在字体欠规范的弊端，仿制的印章更无法使印文的字体字形与被仿印章保持高度的一致，即使是同一枚印章中的两个相同的文字也会表现不同，因此，手工雕刻印章的印面防伪效果是比较好的。

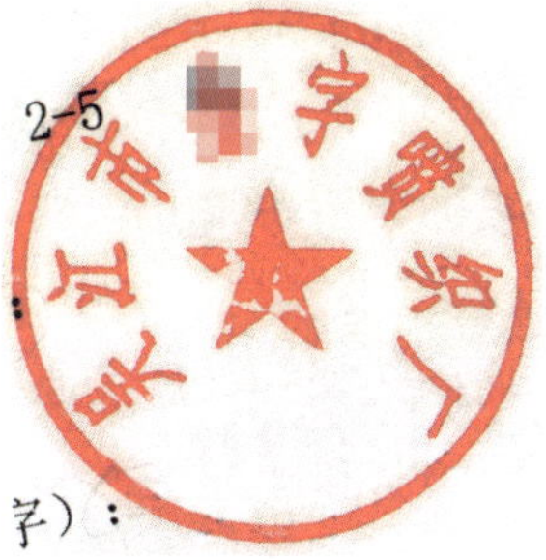

检　材

样　本

检　材

样　本

第二节　印文徽记特征

根据国家法律法规的有关规定，不同机构不同部门的印章中央刊国徽、党徽、五角星等徽记图案，并有规格尺寸的要求。

省、市、自治区党委和中央各部委下属各级党组织（党委、党组、顾委、纪委总支部、支部）及其工作部门的印章中间刊镰刀锤子（党徽）图案，直径1.6cm。

国家行政机关和企业、事业单位、社会团体的印章，国务院的印章，各省、自治区、直辖市人民政府和国务院各部委的印章，国务院各直属机构的印章，国务院办事机构的印章，中央刊国徽。国务院所属事业单位及国务院直接批准的全国性公司的印章中央刊五角星，个别国务院所属事业单位的印章，经国务院批准可刊国徽。国务院有关部委管理的国家局印章，国务院有关部委外事司（局）的印章，中央刊国徽。国务院设置的议事机构、非常设机构的印章中央刊五角星。自治州、县、自治县、市、市辖区人民政府的印章，中央刊国徽。行政公署的印章，乡、镇人民政府的印章，中央刊五角星。驻外国的大使馆、领事馆的印章中央刊国徽。国务院各部门和地方各级国家行政机关所属的单位，以及工厂、矿山、农场、商店、学校、医院等企业、事业单位、社会团体的印章，中央一律刊五角星。国务院的印章，各省、自治区、直辖市人民政府和国务院办公厅、国务院各部委的印章，国务院直属机构、办事机构的印章，正部级单位的印章，国务院直属事业单位的印章中央刊国徽。正部级单位的经国家机构编制管理部门认定具有行政职能的单位的印章中央刊国徽，没有行政职能的单位的印章中央刊五角星。国务院议事协调机构和临时机构的印章中央刊五角星。国务院部委管理的国家局的印章，国务院部委的外事司（局）的印章中央刊国徽。国务院部门的内设机构和所属事业单位，法定名称中冠“中华人民共和国”或“国家”的单位的印章中央刊国徽。自治州、市、县级（县、自治县、县级市、旗、自治旗、特区、林区，下同）和市辖区人民政府的印章中央刊国徽。地区（盟）行政公署的印章，乡（镇）人民政府的印章中央刊五角星。驻外国的大使馆、领事馆的印章中央刊国徽。国家行政机关内设机构或直属单位的印章，企业事业单位、社会团体的印章中央刊五角星。由国务院民政部门核准登记的民办非企业单位印章，村民委员会的印章中央刊五角星。全国性社会团体的印章，地方性社会团体的印章中央刊五角星。国家行政机关和企业事业单位、社会团体的印章中央刊国徽或五角星。此外，中国人民军队的印章在五角星处刻有“八一”字样（军徽）。

各级团组织印章中央刊五角星（实心），星两旁刊单横线。其中，团中央委员会印章五角星直径0.9cm，星两旁的单横线各长1.2cm。各省、市、自治区团委，团中央各直属团委，全国铁道团委和团中央各部（厅）印章五角星直径0.7cm，星两旁单横线各长1cm。各地、县、区、社团委和省、市、自治区团委各部及其所属单位，以及需要刻制印章的团组织印章五角星直径 0.6cm，星两旁单横线各长 0.9cm。

中华全国总工会的印章五角星直径 2cm。各省、自治区、直辖市总工会及全国产业工会、全总部委办一级组织的印章五角星直径 1.8cm。其他各级工会组织，及工会组织所属的部门、企事业单位的印章五角星直径 1.6cm。

各式五角星徽记图案

还有一些公司在制作印章时中央不刊五角星图案，而是以本公司的企业标识替代。

中心非五星图标印文

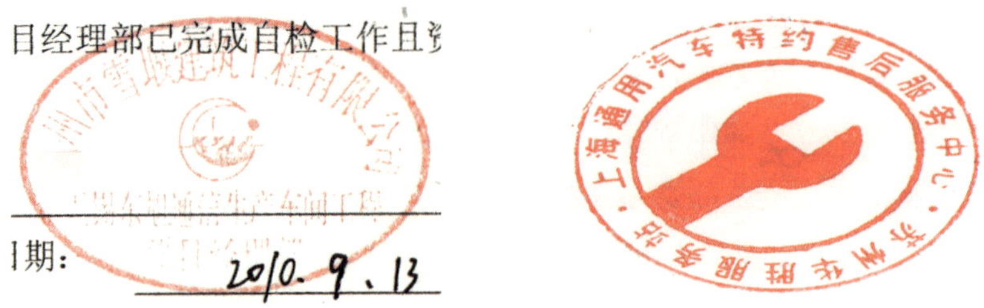

中心非五星图标印文（续）

各式各样的徽记图案辅以多种形式的防伪设置，使印文中的徽记图案成为众多细节特征聚集的部分，是印章印文鉴定中不可忽视的重要组成部分。

第三节　印文防伪线特征

防伪线是印章印面防伪的一种设置，大多是在利用制章软件编辑印文式样时随机加注的细小线条，可以分布于印文的各个部分，如印章的五角星等徽记图案、边框或文字，也可分布于印文的某一部分，在印文中表现出断续的细小露白线痕，或是在边框和五角星图案处设置花式纹路，用以增加印文的细节来加大被仿造的难度。也有的单位为了保持公章的完整性和严肃性而不添设防伪线。

印文防伪线特征

印文防伪线特征（续）

检　材　　　　　　　　样　本

印文的防伪线特征一度成为印文鉴定中的利器，得到了足够的重视，甚至是过分地依赖于防伪线特征，然而当前的各类印章仿制手法也可以对防伪线进行仿制。也就是说，如今的防伪线特征可以作为印文否定同一的依据，但只能作为印文认定同一的参考，而非最主要依据。

检　材　　　　　　　　样　本

光敏印章与原子印章都附有一个保护印面的外壳盖，在内盖上标注有印章外壳的型号或规格，文字凸起，当保护盖与印材贴紧时印面在压迫的作用下形成凹陷的内盖文字印迹，这种印迹形成后不易恢复原貌。盖印时形成类似于露白防伪线痕的白色印迹，这种特征不是印章固有的稳定特征，检验时应注意与防伪线或印章本身具有的其他印迹相区别。

光敏印章印文与外壳盖

原子印章印文与外壳盖

第四节　雕刻印章的瑕疵特征与利用

制章瑕疵是指在印材挑选以及制作印章过程中因制章设备或人为因素而导致的在印章印面中产生所需印文以外的印迹或缺损。

任何工艺制作的印章都有可能因人为因素或制章设备问题而出现制章

瑕疵，这类瑕疵是特定某一枚印章与生俱来的固有的印迹特征，且难以被仿制，因此印章的瑕疵特征在印章印文鉴定中具有较高的利用价值，必须引起检验人员的高度重视。

1. 手工雕刻印章是由人工刻制形成的，所以出现的瑕疵也最多。五角星等徽记图案上的刀痕、笔画与边框边缘的凹凸等都可视为制章瑕疵。此外，激光雕刻的橡胶印章也需要人工修饰，边框处的修饰刀痕是较为常见的一类制章瑕疵。这些制章瑕疵是极具个性化的细节特征，是极难仿制或无法被仿制的，在同一认定中应用价值较高。

过刀痕迹

雕刻痕迹

修饰痕迹

激光雕刻橡胶印章

印章边框修饰细节

手工雕刻橡胶印章

印章图案过刀细节

2. 除去印材本身具有的瑕疵外，激光刻制所导致的瑕疵也较为常见。激光器的功率、光路偏离等都会对印章质量有较大影响，常体现出印文笔画残缺、留白处刻制线条等，尤其是“笔画中空”和笔画末端缺失等现象较为常见。

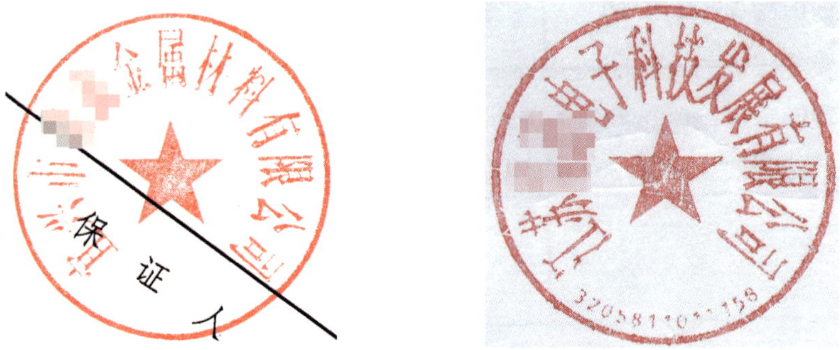

笔画末端“中空”性缺失特征

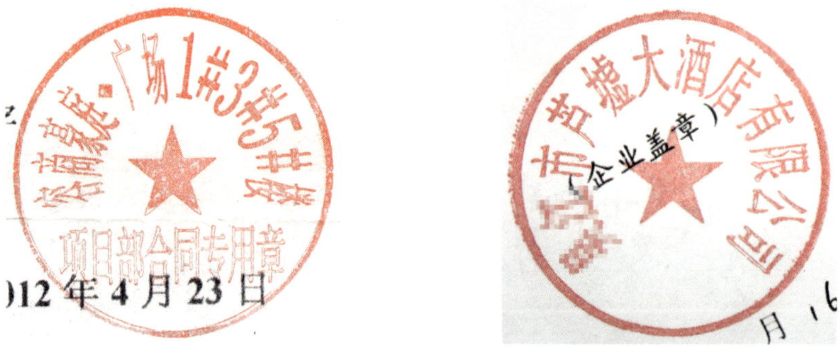

“笔画中空”特征

印章笔画露白特征在印面、印文中的反映

检　材

样　本

如上图，检材印文与样本印文的概貌性特征表现一致，规格大小相同，图文中都存在较多的制章瑕疵，主要是激光雕刻时印坯表面温度过高而导致的焦印，在印文中表现为个别笔画末端缺失或形成笔画“中空”的印迹特征。此类特征在两枚印文中都有相同的反映，且出现的位置、形态、大小都高度一致，是仿制所无法达到的，体现了同一枚印章的盖印特点。

另外，当激光器出现问题时，不单留白处容易出现明显的线条痕迹，在文字及边框上也容易出现“棱块”状、“阶梯”状甚至“毛刺”状的边缘雕刻痕迹。这些稳定的“棱块”和“毛刺”边缘可以作为重要的鉴定依据。

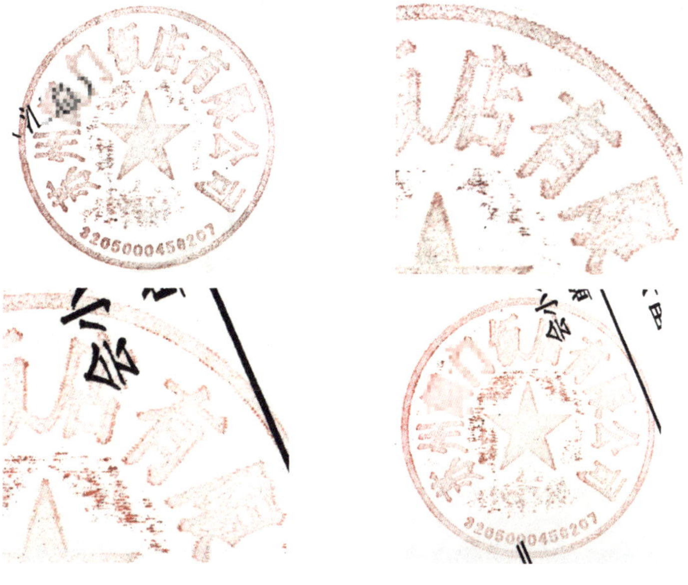

“毛刺”状和“棱块”状印文边缘特征

“毛刺”状和“棱块”状印文边缘特征（续）

第五节　光敏印章的疵点特征与利用

光敏印章是制章工艺较为特殊的一类印章，它是利用光敏技术制作而成，不同于传统的手工雕刻和激光雕刻，它虽“章墨一体”并具有渗透性，却又有别于原子印章。

光敏印章的制作是由电脑、激光打印机、硫磺纸、透明塑料硬膜、光敏曝光机等共同完成的，其中可能会产生印文疵点的环节主要有以下几种：

1. 印文式样打印稿。激光打印机打印的文稿容易产生底灰，大的底灰颗粒会阻碍光敏材料的曝光，从而在印章表面形成固定的疵点，这类疵点可以形成在印文内部、边框外围等印面体的各个部位。

2. 透明塑料硬膜。曝光前放置于光敏印材和硫磺纸之间的薄膜上能够影响曝光的污渍均会在印章印面上产生相应的影像印迹。

3. 光敏曝光机透明玻璃板。光敏曝光机上安装有一块透明的玻璃板，类似于复印机、扫描仪上的玻璃板，当玻璃板上出现污渍或划痕时就会影响到复印、扫描的效果。曝光机也不例外，若玻璃板上的疵点能够影响曝光光线时，也会在印章印面上产生相应的印迹。

此类疵点是制作印章时在各个环节中意外产生的，相对细微，不易引起注意，具有隐蔽性；此类疵点印迹又是印章本身所固有的，具有较强的稳定性；在仿制印章时很难将这类疵点的大小、位置、形态进行完全复制，又具有较强的防伪性。

检　材

样　本

上图检材印文与样本印文中出现可利用的稳定疵点特征多达 7 处，为同一认定提供了充足的依据。

下图为同一印文式样模版制作的两枚印章，在硫酸纸上打印式样时出现了不同的底灰墨点瑕疵，并影响了曝光，导致成为固定的疵点特征。

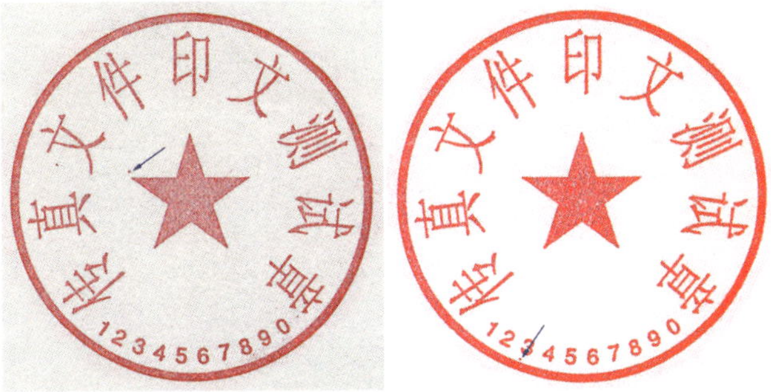

疵点特征不同

第六节　印章底纹印迹特征与利用

印文留白处线条通常被称作“底纹”，是激光雕刻印章印文中常见的一种印迹特征。

留白线条印迹的产生以及线条的位置、形态是受到多种因素的共同影响的。主要有印材种类、印面的平整度、激光器的功率和刻制频率、盖印力度、蘸印印油量和盖印时的衬垫物等。

留白线痕是印章固有的且能够体现刻制特征的一种印迹，可以反映出激光器的刻制方向和频率等，具有较强的个体差异性，且此类特征难以仿制，应用价值较高，可以作为印文同一认定的依据之一。

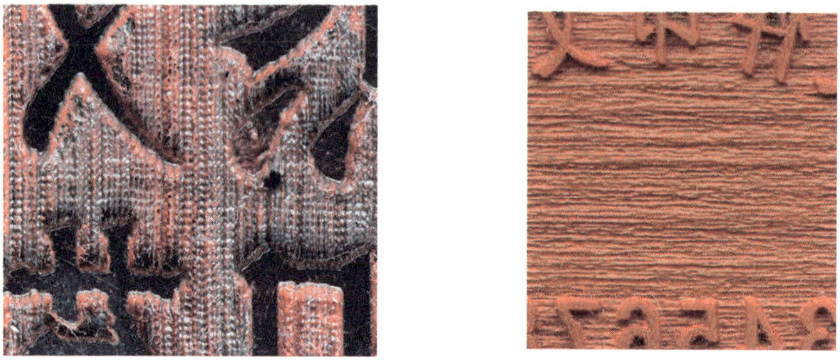

激光雕刻印章底纹痕迹特征

印文中的底纹印迹特征

留白线条印迹会随着印文的浓淡及清晰度的变化而改变，当盖印力度小、印油量少、沉淀物较硬时线痕不出现或出现的范围较小、线痕较浅淡；相反，当盖印力度大、印油量多、沉淀物较软时出现的印迹范围大、线痕深。因此，利用此类特征时需结合印文的浓淡和清晰度来综合判断，以排除仿制的可能。

检材（2009 年）

样本（2014 年）

重叠比对

（印文由武汉警官职业学院 付琳 提供）

上图检材印文标称日期为2009年8月，从印文中可以看出部分笔画印迹浅淡，但印文的印油色泽深浅过渡自然，并有油渍洇散迹象，图文边缘欠平整，呈细小的锯齿状，棱角圆钝、不分明，同时存在较多的激光雕刻线条印迹，据此综合判断为原子印章盖印。

样本印文为2014年4月盖印形成，印文的形制及一般特征与检材印文相同，同时也存在较多的刻制线条印迹反映，部分文字笔画存在缺失，如“工”、“程”、“建”、“有”等字。

将印文重叠比对后发现，两枚印文大小不同，不能完全重叠一致，样本印文略小于检材印文。然而，两枚印章的制作工艺相同，根据线条形态与走向判断均为纵向刻制形成，因激光器在刻制时的不稳定性而导致雕刻深浅不同，形成较粗的横向线条和线条空白区域，这类雕刻线条印迹特征表现出高度的一致性。同时在两枚印文中没有出现本质性的差异点。样本印文略小于检材印文以及样本印文的笔画残失等特征也恰恰反映了原子印章老化的一般特征，可以作为同一认定的依据。

第七节　印文外围系统特征与利用

印文的外围系统是指因印章自身结构或附件所导致的在盖印时于印文外围产生的相对稳定的非印文印迹特征的统称。

通常印文是由边框、文字、徽记等几部分构成。在印文的同一性鉴定过程中通常较重视印章图文的比对，针对印文各组成部分的细节特征和印迹布局特征进行检验。传统的手工雕刻印章以及激光雕刻的橡胶印章、牛角印章等很难在印文边框以外的区域留下印迹，因此，长期以来鉴定人员容易忽略印文外围的一些印迹特征点，很少关注印文以外的痕迹特征。近些年相继出现的原子印章、光敏印章和回墨印章等新型印章都有可能不同程度地出现印章印壳外边框印迹、支撑爪印迹等印文外围区域印迹特征，这些外围特征具有较强的稳定性，可以作为检验依据。

一、原子印章印文外围系统特征

原子印章是由手柄、弹簧、活动内芯、塑料外框和印面体组成，印面体低于塑料外框，在盖印时印章的外边框先与纸面接触，按压手柄后印面体下移完成捺印，当印章外边框上染有印油或其他污物时就容易在印文边框外围留下印章外壳边框印迹，印章外边框的印迹物质种类以及出现的位置在短期内相对稳定，可作为同一认定以及印文形成时间鉴定的主要依据之一。

此外，印文外围出现的塑料边框印迹可以反映出印章外壳边框的规格大小和厚度，印章外边框与印文边框的距离、印章外框圆心与印文圆心的偏差及相对位置关系等，这些都是一枚印章固有的印迹特征，是无法被仿制的，属于印文鉴定中应用价值极高的一类印文印迹特征。

原子印章印面结构特征

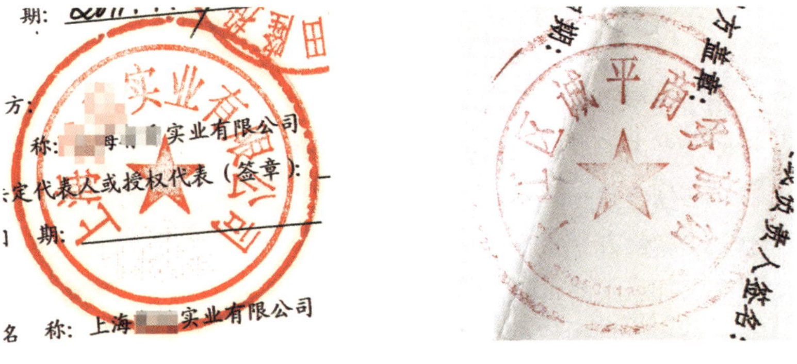

原子印章印文外边框特征

由于原子印章由螺栓、螺母、调解圈、弹簧等可调节、可活动的部件组成，使用不当很容易造成损坏，导致印章在盖印时印面下降的轨迹发生偏位变化，这样一来就会出现印文边框与印章外壳边框印迹相对位置关系的改变，鉴定时应注意此类情况的存在，并侧重同期样本的使用。

2011 年 10 月 7 日原子印文

2013 年 1 月 21 日原子印文

二、光敏印章印文外围系统特征

光敏印章是由塑料外框、手柄和印面体构成的，印面体经光敏反应制成印文，印面体经裁剪后嵌入塑料外壳之中，加注印油便可使用。光敏印章印面略高于塑料外框，印面体边缘又与印章外边框存在一定的间隙（有的印章设置卡环，来防止漏墨，而多数印章不配置卡环），当盖印力度较大或加注印油较多时可能会在捺印的印文外围出现外壳边框与印面体间隙的漏墨印迹。一般而言，间隙偏大的区域漏墨多，反之则少，此类印迹能够反映出印章外壳边框与印面体的紧贴程度，其出现的位置也可以成为同一认定的参考特征，盖印力度较大时也有可能会出现印章外边框印迹特征。

印文外围边框特征

此外，光敏印章的印面在制作时无法使印文的圆心（中心）与印面体的圆心（中心）精确一致，必然会存在一定的偏差。这类间隙印迹特征能够反映出印章印面体的规格大小、印面体圆心（中心）与印文圆心（中心）的偏差及相对位置关系，上述两个圆心（中心）的偏差位置、距离是不易引起注意并无法被仿制的稳定的个体性特征，应引起鉴定人员的高度重视，各种类型的印章也是同理。间隙印迹出现的位置、浓淡在一定的时间范围内相对稳定，在同期样本比对中可以作为判断的依据之一，具有较高的利用价值。

光敏印章印面特征

尤其是在光敏印章蘸取印台印油盖印时更能体现出这种外围特征。

印文边框圆心偏位特征

（鉴定章印文由山东日照浩德司法鉴定所 邱现明 提供）

间隙印迹的比对可以采用重叠法和测量法。将检材印文与样本印文在同等条件下进行翻拍或扫描后放大，再利用 PHOTOSHOP 软件进行重叠比对。

照相机翻拍与扫描仪扫描相比，扫描仪更易操作，因其采用平面扫描而不会造成空间变形、失焦等问题。然而，扫描所得的印文图像是存在尺寸偏差的，不同品牌型号的扫描仪其偏差也不尽相同，这是由扫描仪的机械系统和光学系统所决定的。在印文扫描时要将印文置于扫描仪中心位置，并且每次扫描都要将印文的摆放方向调整一致，避免印文变形。

A 印文

B 印文

重叠比对

测量比对时，在圆上直接找一个固定的点较为困难。首先在印文图文中找到较稳定的两点，连接两点并与间隙印迹相交叉，再测量交叉点与印文中特定点的距离。

边框距离测量方法

除此之外，还可以通过确定圆心位置的方法进行检验，分别确定印章外壳边框的圆心与印文边框的圆心。下图中 A 为印章外壳边框圆心，B 为印文边框圆心。

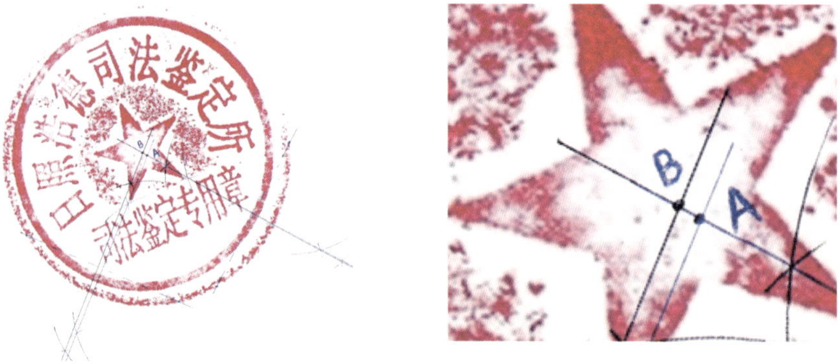

圆心测量法

在光敏印章印垫与印章外壳间隙过大的情况下（尤其是使用多年的光敏印章），盖印时印垫容易出现挪动，这时则慎用两边框的测距方法和测圆心方法，但印章外边框、印文规格等其他特征皆可以利用。具体示例详见下图：

圆形光敏印章盖印挪动特征

椭圆形光敏印章盖印挪动特征

如下图所示，检材印文与样本印文均为光敏印章盖印，检材印文是蘸印快干型印台盖印形成，印文中反映了印面体的规格大小以及印章外边框轮廓印迹。样本印文是直接盖印形成，没有反映出印面体的规格特征。

检　材

样　本

众所周知，光敏印章的印面防伪性较差，在没有发现本质性差异点和较特别的相同点时，作同一认定是非常慎重的。在本案中，检材印文与样本印文就不存在本质性的差异点，除“有”字处的一个疵点外没有什么足以能够认定同一的相同点。

然而，样本印文中外壳边框的出现为检验打开了瓶颈，大大降低了检验的难度。检材印文与样本印文中各处的印文边框与外边框的距离相等，外边框印迹中反映出的四处豁口特征的位置、大小、形态均高度吻合，这时能够得出同一认定结论。具体示例详见下图：

检　材

样　本

检　材

样　本

上图中检材印文与样本印文皆为光敏印章蘸印印台盖印形成，且印台的类型不同，检材印文是蘸印快干型印台盖印，而样本印文是蘸印蒙有棉布的印台盖印，两枚印文都较好地反映了印文的细节特征和印面体轮廓特征。

检　材

样　本

如上图所示，印文中印面体轮廓不是规整的椭圆形，存在棱角与变形，印文边框与印面体并非同心，两边框间的距离存在差异，印垫褶皱，这些特征在两枚印文中表现高度一致，可以作为同一认定的重要依据之一。

部分品牌的光敏印章外壳设置了弹性支撑爪，当支撑爪上有印油等污渍时，其印迹就会显现，可以作为判断印章外壳规格的依据，也可利用支撑爪位置进行测量检验。具体示例详见下图：

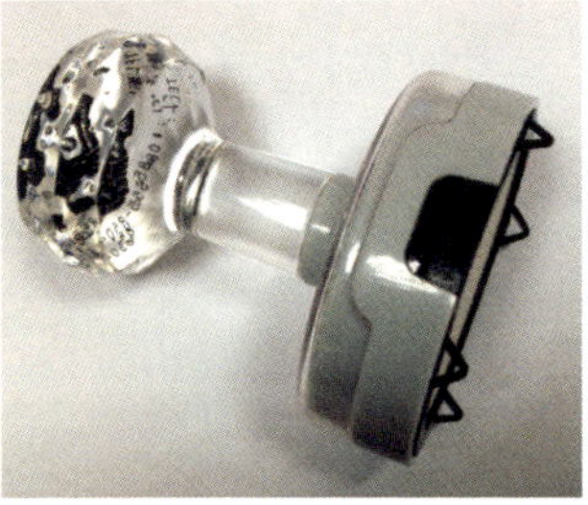

附有支撑爪的光敏印章

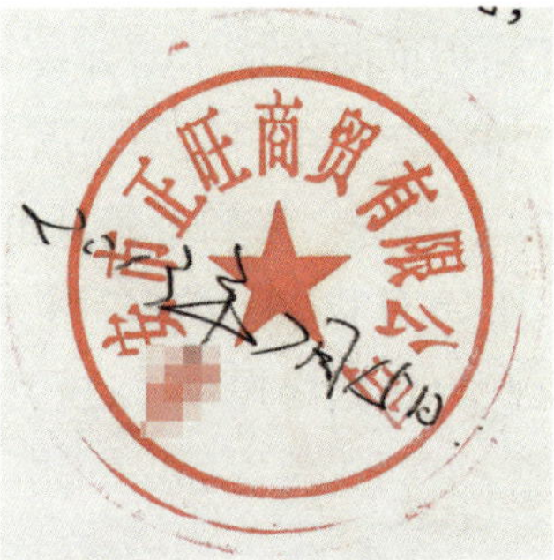

2013 年 7 月 15 日印文

2013 年 8 月 12 日印文

2013 年 9 月 2 日印文

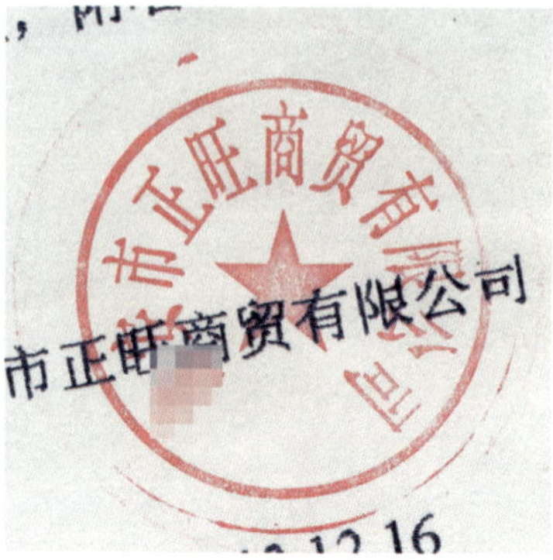

2013 年 12 月 16 日印文

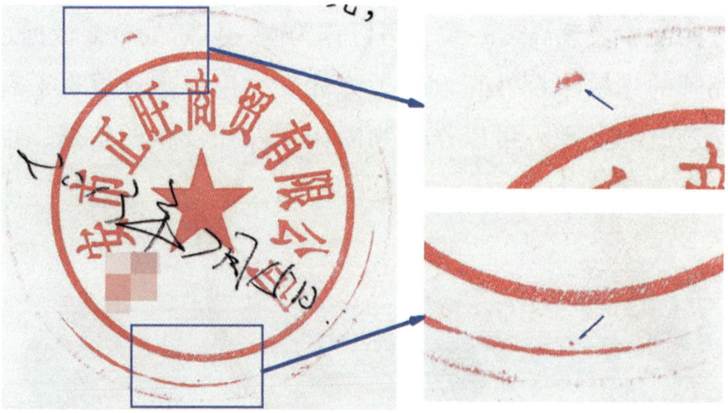

细节特征标示

如上图所示，四枚不同落款日期的印文中所表现出的印迹有印章图文、疵点、印章印面体与外壳间隙、印章外壳边框等。印章图文印迹清晰，具备检验条件，同时在印文边框与印章外壳边框间出现了两处较为稳定的印面疵点特征，出现的位置、形态、大小相吻合。在印文的相同部位都反映出了印章印面体与外壳边框的间隙印迹，其断续、豁口等特征也比较吻合。此外，在 2013 年 7 月 15 日、2013 年 8 月 12 日和 2013 年 12 月 16 日的三枚印文中都出现了印章外边框印迹，并反映出边框的厚度，这些特征的出现是印文同一认定的有力依据。

三、回墨印章印文外围系统特征

回墨印章的外部造痕体主要指印章外壳上起稳定印章作用的支撑爪，

多数回墨印章都设置了支撑爪，不同品牌型号印章的支撑爪位置、形态、大小均有明显差别。

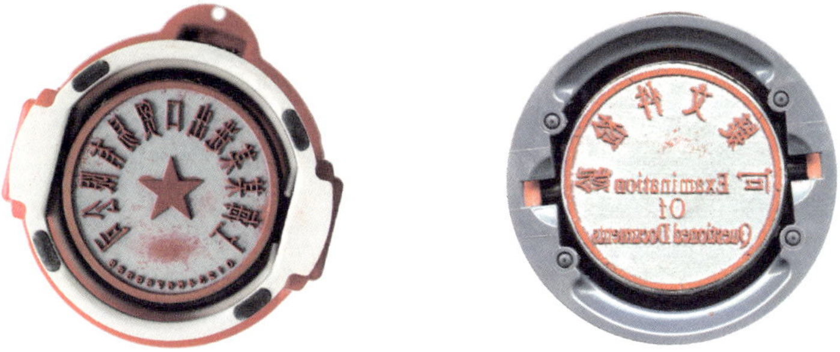

回墨印章支撑爪特征

回墨印章的印面体是一种薄的橡胶垫，利用激光雕刻机或注塑方式制成印章，经对橡胶垫章面边缘修剪后粘贴于章面翻转台上。印面体的粘贴是由人工完成的，每次粘贴都会存在不同程度的偏差，仿制印章就会使印文中特定点与支撑爪的距离、位置、角度等特征与真实印文产生明显差异。

回墨印章印面的制作

印文中支撑爪痕迹特征

回墨印章印文支撑爪特征测量比对

回墨印章印文支撑爪特征测量比对

第六章

印章印文的时段特征

印文的时段特征也称为历时性特征，是指印章通过印泥（油）等盖印介质所表现出来的，能够反映出印章在不同使用阶段因自身或附带等原因而产生的可变性印迹特征。这类特征不但是印文同一性鉴定中价值等级最高的一类特征，而且还是鉴定印文形成时间的重要依据与方法。

这类变化特征的表现是多方面的，有印章磨损老化而导致的真实印迹特征，也有印面附着物形成的附带特征，还有印油等盖印介质产生的洇散渗透等变化特征。

无论是利用时段特征进行印章印文同一认定还是鉴定印文的形成时间，最关键的要尽可能全面地收集被鉴定印文的历时性样本，尤其是检材标称时间与怀疑时间的样本材料。只要印文特征明显、样本充分，可变性特征具有明显的规律性，即可确定检材印文的形成时间。况且，这种方法不受盖印时间长短的限制，也不受纸张、印油、保存条件以及人为老化等因素的影响，是一种可信度极高的无损检验方法。

第一节　印章磨损特征

印章在长期的使用过程中在外力的作用下与承印载体接触、摩擦，以及在保存和使用过程中发生的磕碰等都可能在印章印面上产生相应的痕迹，在印文中就会体现出这些永久性无法修复的印迹特征。随着印章的使用还会产生新的痕迹特征，不同时段盖印的印文可以反映出具有规律性的印迹特征变化，其变化具有不可逆性。此外，印章持有者于不同时期在印面上制作的暗记特征也具有时段性，具有极高的利用价值。

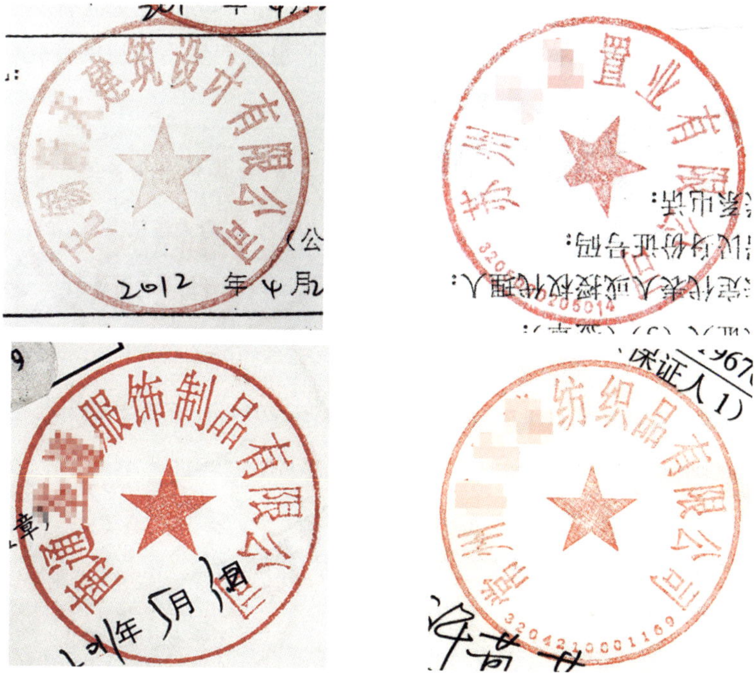

印面磨损特征

第二节　印文规格特征

世界上所有的事物都是处于不断变化发展过程之中的，没有一种事物是绝对的、永恒不变的，没有绝对一成不变的事物，印章也不例外。不仅印面会发生磨损变化，印章的规格性特征也会随着使用而发生一定的改变，如印章的长宽、直径等。这类规格性变化归根结底是印章印面老化或与印油反应导致的印章尺寸、形态的变化，所以，不同材质印章的可变性与变化范围不同，影响因素也各不相同。一般而言，木质印章最易发生膨缩变化，这与木质种类、干燥程度、纹理等因素相关。章墨一体印章的储墨垫质量、印油、温度、盖印习惯是产生规格性时段变化的主要影响因素。橡胶印章在高温环境下容易老化，另外，橡胶印章会与印油发生反应，使印面凹陷，直径缩小，长期将印章置于印台里待用的情形更易产生这种变化。

如果印章材质内部结构不均，则印章的膨缩方向和程度也有不同，伴有老化的膨缩具有不可逆性，印面的细节特征也会产生不可逆的变化。

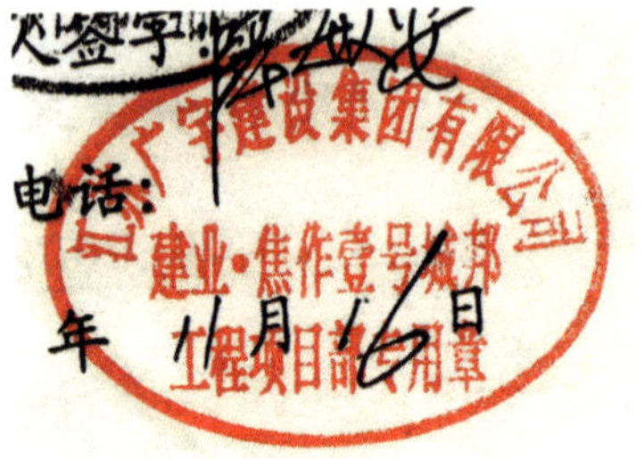

2011 年 11 月 16 日印文

2014 年 12 月 2 日印文

中心部位重叠图

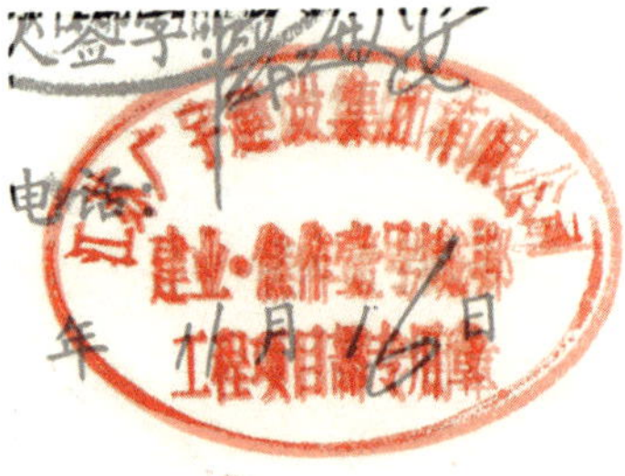

左侧边框部位重叠图

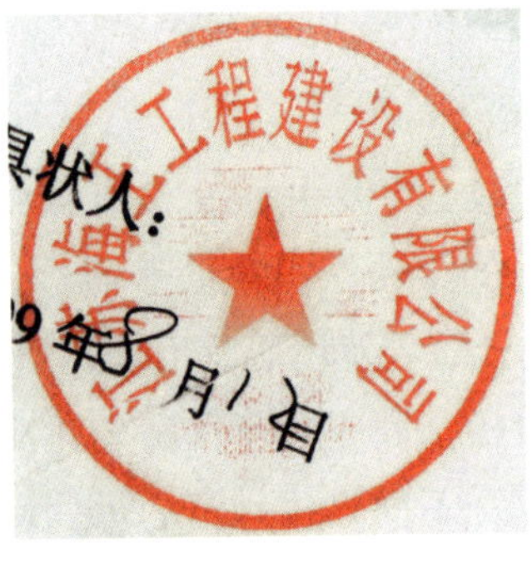

2009 年印文

2014 年印文

中心部位重叠图

左侧边框部位重叠图

第三节　印章附着物特征

印章附着物是指在印章印面上黏着的、在盖印时能够产生相应印迹的杂质，如毛发、纤维、尘埃等。对于蘸印印章而言（回墨印章除外），印面上很容易产生附着物，其出现的部位、形态具有很强的随机性，这些附着物一般持续的时间不会太长，具有相对的稳定性，会随着印章蘸取印油、盖印等动作而在纸面和印台之间发生混杂和转移，有一定的变化规律。

章墨一体印章在盖印时没有印台参与，所以印章印面上出现附着物的可能性就大大降低了，其附着物主要是印章图文部分在盖印或保存时黏着的非印泥等色料介质产生的杂质，同样具有相对稳定性。

回墨印章是一种较特殊的蘸印印章，在手柄内部放置了一枚小型印台，待用时印章印面与内置印台紧密接触上墨，盖印时用手向下按压手柄，印面体沿曲形导轨下降并翻转印面完成盖印。盖印后印面体上移并回转，回归原位，与内置小型印台接触上墨，以待下一次盖印。这样一枚隐藏且倒置的印台很难沾染到杂质，印章印面也缩至于印章手柄内并与小型印台贴合，所以出现附着物的概率很小。

激光雕刻橡胶印章印面

翻转图像

不同盖印条件下盖印的两枚印文

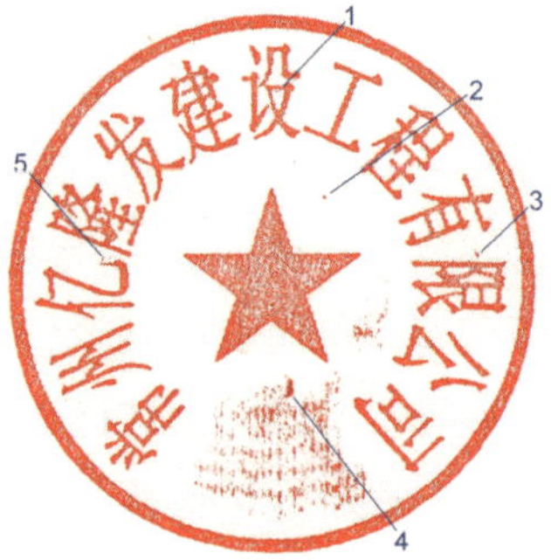

印面附着物特征在印文中的反映

如下图，检材印文与样本印文文字不规范，五角星图案有过刀痕迹，可判断为手工雕刻印章盖印，所以，此枚印章属于蘸印印章，又根据五角星过刀痕处形成的五边形凹陷，可知为橡胶材质。这类印章盖印出的印文质量受印泥（油）的影响很大，例如检材印文五角星图案中五边形内部的3处印染物淤积、五角星边缘的两处挤墨印迹、“用”字下方印文边框处的多余印迹、“合”字第一笔起笔位置出现的印迹等，这些印迹是印章印面上黏附了从印台中脱离出来的细小纤维团，从而在印文中形成相应的印迹。

假设检材印文标称日期为2007年6月20日，样本1为2007年7月10日，样本2为2008年11月4日，那么，根据样本印文中所反映出来的墨迹分布特征和规律，可知检材印文的可变性墨迹分布特征与样本2印文存在高度吻合，又因为此类特征的出现具有很强的随机性和相对稳定性，并且其变化是不可逆的，所以，检材印文应与样本2印文属同期印文，则检材标称时间是不可信的。

检材

样本1

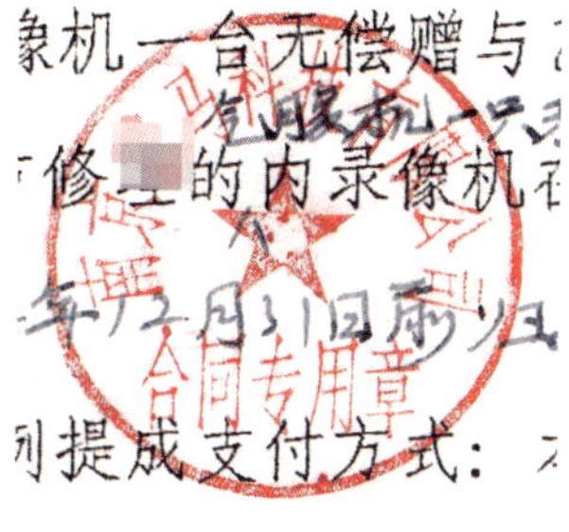

样本2

在一起案件中，涉案的是3张《借款收据》，金额不同，没有标注落款日期，分别装订在2007年9月30日第34号、2007年8月31日第35号、2007年9月30日第17号《记账凭证》中，落款处均盖印有“太仓市理疆化纤有限公司”红色印文。办案机关对文件的形成时间产生怀疑，遂委托进行鉴定。

样本系落款日期自2007年7月~2007年10月的对比材料，落款处“太仓市理疆化纤有限公司”印文的内容及形制与检材印文相同。经对比检验，检材与样本印文系同一枚印章盖印形成。检验中发现，2007年8月31日第35号《记账凭证》对应的《借款收据》装订在2007年8月份《记账凭证》中，2007年9月30日第17号《记账凭证》对应的《借款收据》装订在2007年9月份《记账凭证》中，而2007年9月30日第34号《记账凭证》对应的《借款收据》却装订在2007年8月份《记账凭证》中。

3份检材中“太仓市理疆化纤有限公司”印文印油理化特性相同，墨迹堆积和印文露白等细节特征表现相符，这类墨迹堆积是因印油质量和印章在使用过程中所沾染的杂质而在印文中形成的“脏印”等时段性痕迹特征，这些特征不是印章印面固有的结构反映，是随机性分布的、与蘸墨状态和盖印条件密切相关且不稳定的短暂特征。但在标称时间不同的检材中印文的时段性特征却反映一致。

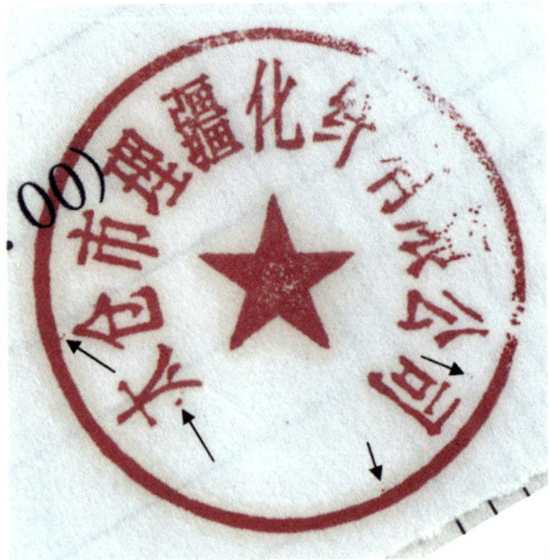

检材1（2007年9月30日）

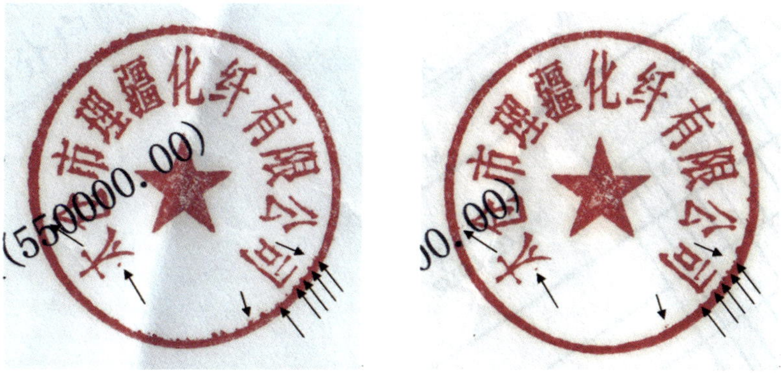

检材 2（2007 年 8 月 31 日）　　　　检材 3（2007 年 9 月 30 日）

印迹特征表示图

检材 1 纸张规格约为 210mm × 80mm，下边缘存在撕裂痕迹；检材 2 纸张规格约为 210mm × 121mm，上边缘存在撕裂痕迹；检材 3 纸张规格约为 210mm × 96mm，上下边缘均存在撕裂痕迹。经对纸张撕裂痕迹对比检验发现，3 份检材纸张撕裂边缘相互吻合，是由同一张 A4 规格（210mm × 297mm）复印纸撕分而成。

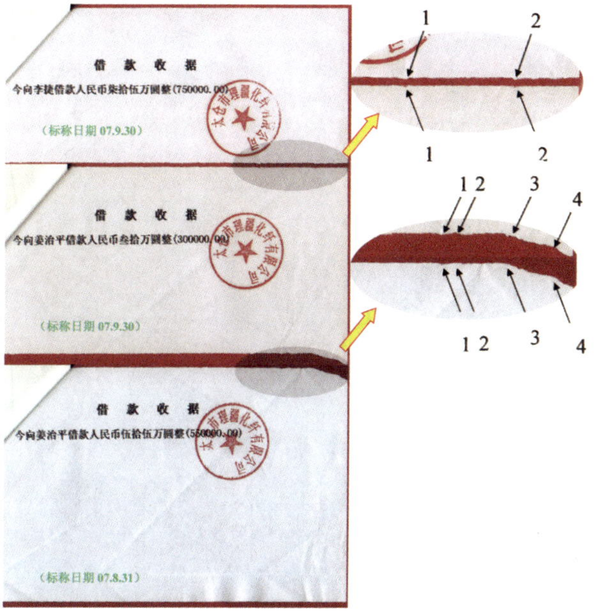

纸张整体分离特征

07.9
07.10.8
07.8.31（检材2）
07.9.30（检材3）
07.8.7
07.9.30（检材1）
07.8
07.9.30
07.7.10
07.9.10

历时性特征标示图

经上图对比检验，未能在标称日期自2007年7月~2007年10月的样本材料中找到与检材印文的时段性特征相符或相近的印文。检材印文没有体现出在标称时间段内印文应表现出的历时性变化规律。

综合检验分析，《记账凭证》与对应的附联《借款借据》装订顺序混乱，3份检材《借款收据》系同一张A4复印纸打印、撕分形成。印章在保存和使用过程中形成的具有很强随机性、短暂性和易变性的时段性特征表现相符。检材印文的时段性特征表现相符，而与标称日期的样本印文反映不同，不具备同期性。最终结论为：3张《借款收据》中“太仓市理疆化纤有限公司”印文为同期形成，且不是在2007年7月~2007年10月期间内形成。受样本条件的限制，无法确定检材的具体形成时间。

第四节　印文墨迹分布特征

印章的材质、制章工艺、印面结构以及印章的盖印条件、老化程度等因素都会影响到印面印迹形态。尤其是章墨一体的原子印章、光敏印章表现更为突出，由于印油的连续使用、挥发、注墨，以及储墨垫孔隙的收缩、堵塞等，往往会导致印油出墨不均，印文笔画变粗，并伴有疵点印迹，时段性变化特征明显。其印文总体会反映出从浓到淡、由印迹均匀变为印迹分散，由图文清晰变为图文模糊。

如下图所示，原告江苏某建工集团有限公司与被告江苏某调味食品有限公司在一起建设工程施工合同纠纷案中原告向法庭提供了一份标称时间为2010年10月28日的《工程欠款作价协议书》，被告对此份证据的真实性提出异议并要求对“江苏龙海建工集团有限公司”印文的形成时间进行鉴定。

样本系2010年10月~2014年6月期间盖印的“江苏龙海建工集团有限公司”印文。将所有样本材料按标称时间顺序排列后对细节特征检验发现，印文在2013年7月22日及以后出现了疵点，且表现稳定，已成为印章上固定的印迹特征，并与检材印文特征相符。同时，检材印文边框上的缺损特征与2013年7月22日样本印文相符，表现一致。

但在检材标称时间段（2010年10月28日）的样本印文中未有此特征反映，检材印文与标称时段性特征表现不符。

其形成时间可能更接近于2013年7月。由于样本的缺乏，本案最终得出了“检材印文不是在2010年11月之前形成”的鉴定结论。

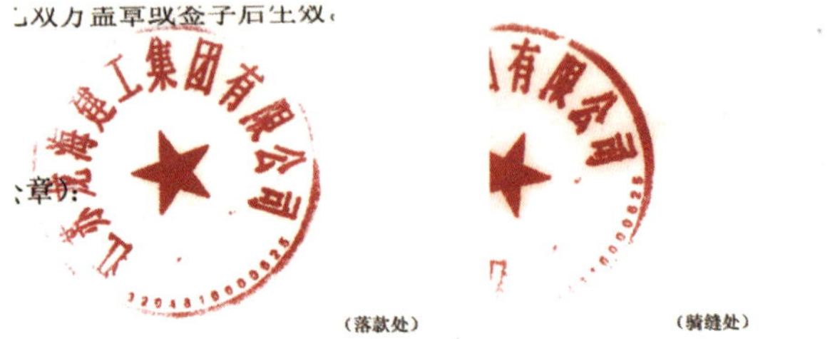

检材（标称2010年10月28日）

样本1（2010年10月20日）样本2（2010年11月10日）

样本3（2013年7月22日）样本4（2013年12月12日）样本5（2014年6月4日）

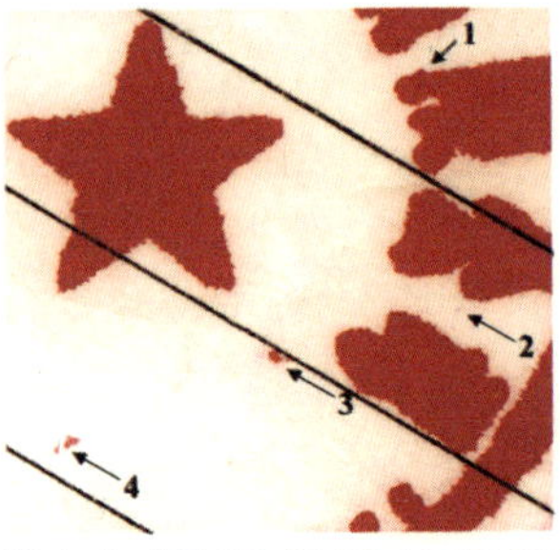

检材－落款（标称2010年10月28日）　样本4（2013年12月18日）

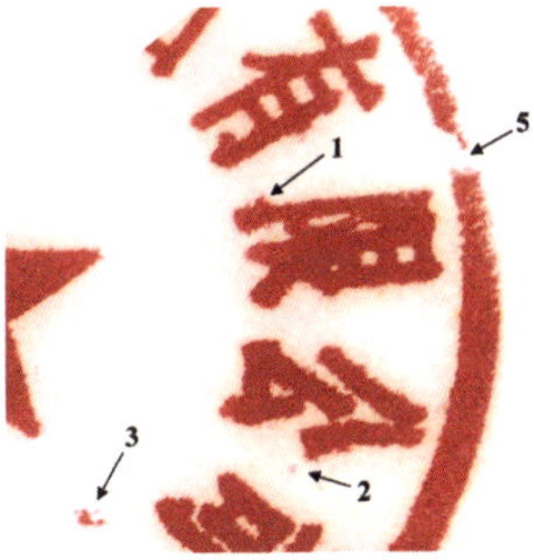

检材－骑缝（标称 2010 年 10 月 28 日）

样本 3（2013 年 7 月 22 日）

光敏印章很容易出现因印油使用不当而造成印章垫孔隙堵塞，印迹不清，缺乏色彩，盖印在纸张上的多是渗下的油脂，产生油渍洇散的效果。这种洇散具有较强的时段性，其出现的范围由小变大，最终趋于稳定。但需要注意的是，此处的洇散不是看油脂的洇散范围，而是印文图文笔画被洇散的范围。

光敏印章加注普通印油后的使用效果

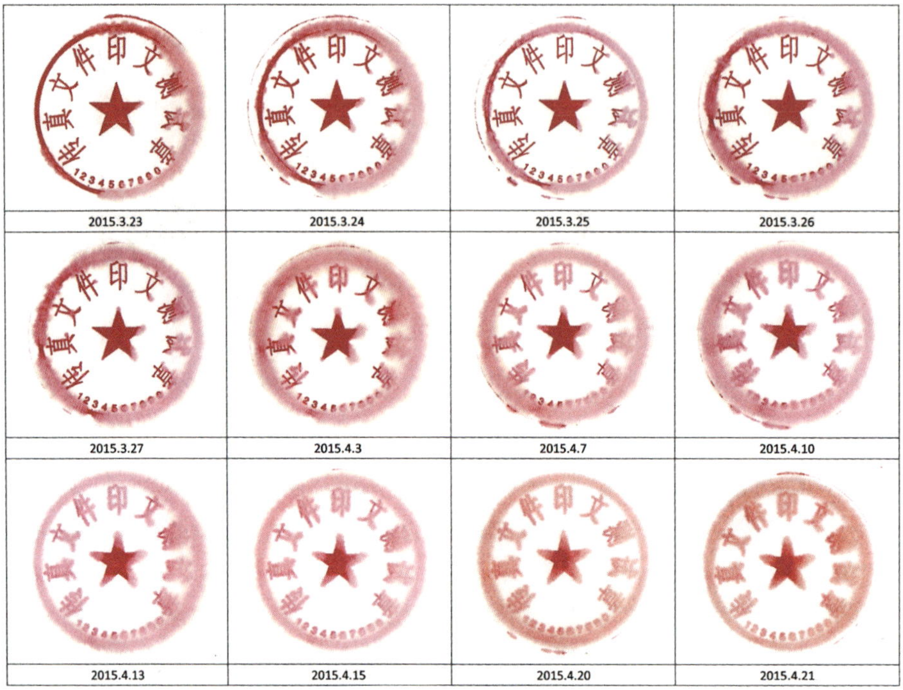

光敏印章加注普通印油后的使用效果（续）

第五节　印文同时段特征

印文的同时段特征主要指印章在连续的盖印过程中，在印文上所反映出的极具共性的可变性印文特征。中国刑事警察学院李彪教授在其著作《文件形成时间检验》一书中论述：“一次性连续盖印印文，是指手持印章一次蘸取色料后依次在两份以上的文件上盖印形成的印文。这里需要特别强调的是，只蘸取一次印文色料，且在时间上是连续而无间断的，以这种方式所盖印的两枚以上的印文，才是一次性连续盖印印文。”谢鹏教授也持上述观点，并同时表示：“对于自含墨的印章，如原子印章、光敏印章等无须蘸取色料的印章，所盖的印文是否属一次性连续盖印印文，应具体问题具体分析。”

以笔者浅见，这样的指定使研究的范围过于狭小，尤其是对于蘸印印章而言，一次蘸取印油连续盖印使印面上的印油消耗严重，这种“连续”盖印所形成的印文一般为2～3枚左右，数量较少。在实践中笔者发现，当一个人手持印章连续重复蘸取、盖印这一特定动作而形成的印文同样具有明显的连续性特征，并且，以这种方式连续盖印的印文通常数量较多，可以反映出更多的可利用特征，使“连续性”盖印印文的研究范围增大，可挖掘的印文特征等有价值信息也更多。而章墨一体印章和回墨印章等无需蘸印的印章在盖印时受手持动作和盖印动作影响的印文特征更多，更要注重。况且，一般情况下当一个人手持印章时也就限制了持章人做其他工作和动作，其盖印的间隔不会很长，可以认为是连续性的。所以，笔者主张以一次手持印章盖印来定义“一次性连续盖印”。当然，要认定印文是一次性连续盖印形成的，需要在诸多主客观条件相对固定的情况下才能进行。

本节中论述的一次性连续盖印是指一次手持印章依次在两份以上的文件上盖印形成的印文。

印章在连续盖印时印面上的可变性特征通常会表现出高度的一致，具有相对的稳定性。此外，在连续盖印形成的印文中所表现出的盖印动作方式、盖印位置、衬垫物、持印角度等也保持一致。

一次性连续盖印的印文通常有以下几类特征表现：

1. 印文色料同一。印迹色料一致，是认定一次性连需盖印印文的先决条件。主要从印油（泥）的种属、颜色、成分配比以及与纸张纤维的结合形态、油渍洇散等方面进行判断。

2. 印文色料变化。对于蘸印印章（回墨印章除外）而言，盖印的方式有多样，采取一次蘸取印油进行多次盖印的，印迹因纸张对印油色料的转印、吸附作用而呈现出明显的由浓变淡的变化趋势，采取这种盖印方式所盖印文数量有限，但印文中各类特征尤其是可变特征的吻合度很高，也最容易认定为一次性连续盖印。还有采取蘸印一次盖印一次的方式，所盖印文色料浓淡相当，在连续的蘸印盖印过程中可能会造成附着物形态的细微变化。

光敏印章是章墨一体印章，印文盖印效果受储墨垫存储的印油量和盖印力度的影响很大。若第一枚印文在盖印时力度较大，停顿时间长，或是盖印的频率较高时，连续盖印的印文就容易出现因印油下渗滞后而导致的印迹浅淡现象。

3. 印文可变化特征。印章印面在使用和保存过程中容易黏附细小的纤维、毛发、尘埃等杂质，并在盖印时产生相应的印迹特征，这些附着物一般持续的时间不会太长，具有相对的稳定性，会随着印章蘸取印油、盖印等动作而在纸面和印台之间发生混杂和转移。连续盖印所用时间较短，盖印动作的重复性高，时段性特征会反映出高度的一致性。

4. 盖印位置。在实践中发现，连续盖印的文件多是同类材料或是具有很强的关联性文件材料。在这种情况下，由于动作的连贯性而反映出盖印习惯的稳定性，主要表现在印文在纸张中的位置以及印文与格线、签字、落款等其他文件组成部分的相对位置关系，特别是对印文盖印位置无特定要求的文件，而又与其他时期盖印习惯有所不同的，其利用价值更高。

5. 持印角度。笔者主张以“一次持印”来定义“连续盖印”，其主要的考量之一就是持印的角度问题。无论何种类型的印章都会涉及盖印角度问题，当手掌、手指把握印章的位置相对固定，蘸印、盖印时腕、肘的动作幅度、方向大致相同，就基本确定了盖印印文的角度，在一定幅度内保持一致。

6. 盖印动作。在盖印时印章印面与纸张接触的方式有两种：一种是两个平面以平行的状态相接触，印章的各部位同时完成捺印；另一种是印章边框的某一部位先接触纸张，再由这一接触点向印章中心方向碾压来完成盖印。其中，回墨印章受印章壳体的制约多是以第一种方式完成捺印，其他类型的印章因人为的手动盖印而无法实现印章印面与纸面的完全平行，这样就会因着力不均衡而形成着印点、重压区、轻压区等能够反映出盖印动作的特征，这些特征在连续盖印的印文中表现基本相同。

7. 其他佐证特征。无论是需要连续性盖印制作的多份文件还是一次性补制（伪造）的多份文件，多是同类材料或是具有很强的关联性文件材料。这就要求检验人员高度重视除印文本身以外的其他文件构成要素的检验。如纸张检验（规格、纤维形态、荧光等）、印刷特征检验（打印、复印、机械性损伤等）、笔迹检验（书写工具、书写人、笔痕、衬垫物、潜在压痕等）、朱墨时序等都是认定一次性连续盖印的重要佐证特征。

如下图，某劳动人事争议仲裁委员会送来关于潘某与苏州某物流有限公司拖欠工资劳动人事争议一案的待检材料，要求鉴定送检的《2009～2010年其他应付帐款》、《2011年其他应付帐款》、《2012年其他应付帐款》、《2013年其他应付帐款》落款处“苏州舒捷物流有限公司”印文是否同时形成。

2009-2010年其他应付帐款

业务员：潘伟

年 份	个人提成月份	凭证号数	金额（元）	备注
2009年个人提成余额结转			89336.12	
2010年	1月	记-0535	20163.33	
2010年	2月	记-0365	2142.21	
2010年	3月	记-0527	9285.51	
2010年	4月	记-0482	8279.68	
2010年	5月	记-0773	25635.59	
2010年	6月	记-0651	15569.91	
2010年	7月	记-0567	36234.73	
2010年	8月	记-0574	54783.29	
2010年	9月	记-0529	9929.58	
2010年	10月	记-0616	97059.77	
2010年	11月	记-0640	95068.93	
2010年	12月	记-0599	41786.68	
合　计：			505275.33	

苏[illegible]物流有限公司

检材 1

2011年其他应付帐款

业务员：潘伟

年 份	个人提成月份	凭证号数	金额（元）	备注
2011年	1月	记-0537	53289.02	
2011年	2月	记-0398	40103.7	
2011年	3月	记-0646	43583.17	
2011年	4月	记-0591	51744.34	
2011年	5月	记-0706	32009.24	
2011年	6月	记-0597	36623.01	
2011年	7月	记-0479	7289.52	
2011年	8月	记-0550	22542.8	
2011年	9月	记-0465	34483.13	
2011年	10月	记-0340	21249.92	
2011年	11月	记-0429	9319.98	
2011年	12月	记-0427	14108.54	
合　计：			366346.37	

苏州[illegible]物流有限公司

检材 2

2012年其他应付帐款

业务员：潘伟

年 份	个人提成月份	凭证号数	金额（元）	备注
2012年	1月	记-0315	5610.99	
2012年	2月	记-0399	3607.17	
2012年	3月	记-0511	2482.06	
2012年	4月	记-0463	10228.48	
2012年	5月	记-0529	1059.4	
2012年	6月	记-0470	9172.82	
2012年	7月	记-0434	11433.4	
2012年	8月	记-0362	7470.98	
2012年	9月	记-0486	7669.91	
2012年	10月	记-0342	4717.98	
2012年	11月	记-0326	9649.44	
2012年	12月	记-0385	3196.6	
合　计：			76299.23	

苏州[illegible]物流有限公司

检材 3

2013年其他应付帐款

业务员：潘伟

年 份	个人提成月份	凭证号数	金额（元）	备注
2013年	1月	记-0359	20188.13	
2013年	2月	记-0205	806.56	
2013年	3月	记-0392	20513.78	
2013年	4月	记-0397	10992.78	
2013年	5月	记-0374	3841.31	
2013年	6月	记-0296	10506.22	
2013年	7月	记-0368	49593.26	
2013年	8月	记-0156	1008.24	
2013年	9月	记-0202	24311.24	
2013年	10月	记-0367	9943.9	
2013年	11月	记-0320	842.78	
2013年	12月			
合　计：			152548.2	

苏州[illegible]物流有限公司

检材 4

检材 1

检材 2

检材 3

检材 4

4 份检材文稿格式、布局相同，印文倾斜角度一致，与落款文字相对位置关系一致，在印文右侧“公司”处边框存在接触性挪动（着印点），即盖印时此处印章先与纸张接触，由右向左施力捺印，体现出同一人一次执章连续盖印形成的印文特点。

下图是机械臂持印章，由计算机控制，在同等盖印力度等条件下连续盖印形成的印文，9 枚印文中印面的附着物特征、挤墨印迹等都表现出高度的一致性。

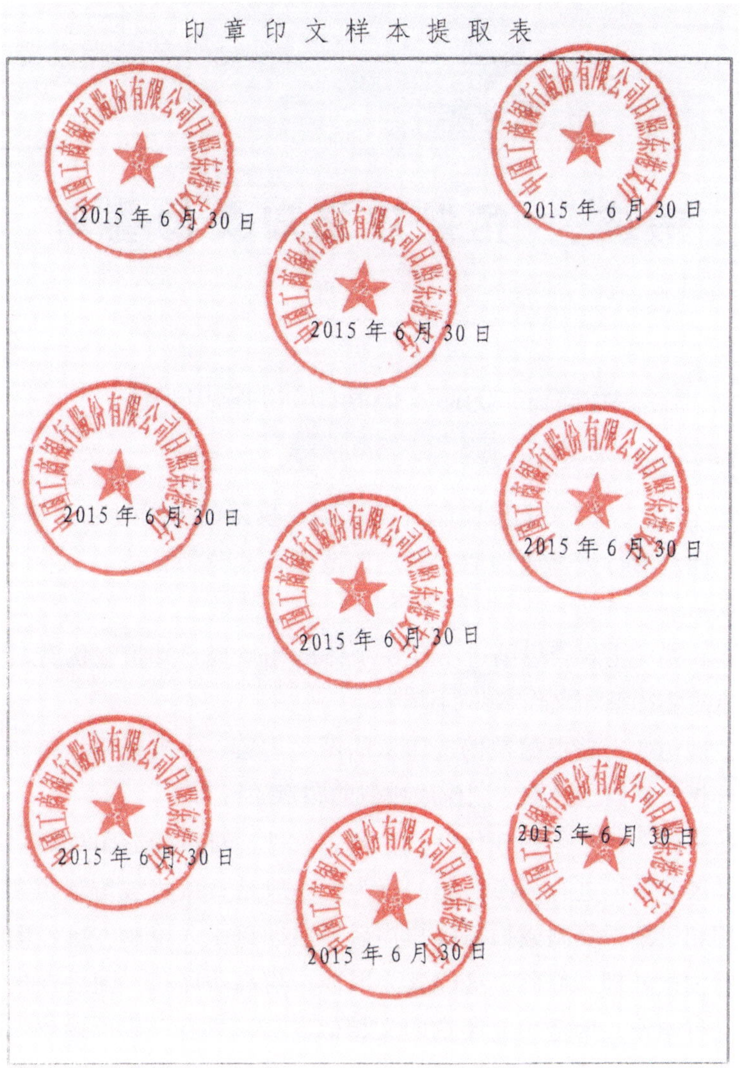

机械臂连续盖印印文

（山东日照浩德司法鉴定所 邱现明 提供）

第七章

伪造、仿制印章印文的鉴别

第一节 伪造、仿制印章的常见方法

伪造印章，从广义上讲，任何没有制章权限的人通过非法途径制作、仿制他人印章的行为都属伪造印章。伪造印章又分为臆造、一般性仿造和高仿真伪造。

臆造，是凭主观臆想编造不存在个体的印章或只知道被伪造对象的名称而没有真实印章印文作参照的伪造。

一般性仿造，是根据被伪造印章的图文内容、大致规格、布局等形制特征，选择印材以某种方式制作成相似的印章的行为。

高仿真伪造，是运用现代办公设备、软件，对被伪造印章的一般性图文特征和细节特征进行精心仿制的行为，一般是直接将被仿制印文作为底稿，利用相机翻拍复制或扫描仪扫描后形成印稿录入电脑，再经图像处理软件进行细微处理、修版，这样就会形成一份高仿印稿，随后选用某种制章工艺进行制作，伪造出的印章印文相似度高，具有一定的迷惑性，也是较难判别的一种伪造形式。仿制时选用的真实印文的质量以及所采用的仿制方法都决定着仿制印章的仿真程度。

一、手工雕刻法仿制印章

手工雕刻仿制分为两种：一种是按照被仿制印章式样写在印材表面刻制图文线条并清底，另一种是将被仿制印文转印在待刻印材表面进行刻制。以手工雕刻的方式仿制印章，对印章的细节特征雕刻难以精准控制，其仿制的印章也易于鉴别。

二、树脂版仿制印章

树脂版是一种印刷用版材，分上下两层，下层为版基，上层为药膜层。将印稿经激光打印机反向打印在硫酸纸上（图文为白色，留白部位为黑色），再将硫酸纸印稿平铺在树脂版的上层，置于暗室利用紫外灯进行曝光，曝光完成后将树脂版放入水中，用刷子刷洗，受紫外感光的药膜层经反应后变硬，而未受紫外感光的药膜层则可以用水和刷子冲洗掉，即完成印章制作。这种仿制印章盖印的印文线条棱角不强，比较圆滑，笔画线条粗细不均，当冲刷严重时还会出现笔画变细、断裂等情况。在制章工艺自动化的今天已很难见到上述这两类伪造手法，常见的主要有激光雕刻仿制和光敏制章法仿制两种。

三、激光雕刻法仿制印章

激光雕刻法仿制是利用激光雕刻工艺对被仿制印章进行复制，其印稿通常是按照真实印文式样进行重新排版，然后经激光雕刻制作印章，或者直接将真实印文进行扫描，再细微修版，最后经激光雕刻机雕刻。重新排版制作的印章印文与真实印文在图文排列、布局、大小规格等方面很难达到一致，笔画变钝、变细，甚至出现断笔，边缘不平整。而且容易将真实印文中挤墨、露白等随机出现的可变性印迹固化成为仿制印章中稳定的特征。

四、光敏制章法仿制印章

光敏印章制作是最为便捷的一种制章工艺，按照真实印文式样进行重新排版，或者直接将真实印文进行扫描，修版后直接利用光敏曝光机曝光。重新排版制作的印章印文与真实印文在图文排列、布局、大小等方面很难达到一致，并且容易将真实印文中挤墨、露白等随机出现的可变性印迹固化成为仿制印章中稳定的特征。

以上是伪造印章的一般方法，直接伪造印文的一般方法详见下篇第二章印文的形成方式鉴别。

第二节 鉴别仿制印章的要点

一、印章材质及制章工艺

印文同一性鉴定首先要考虑的就是印章的材质与制作工艺，仿制印章一般会选择容易操作的制章工艺，其选用的印材与工艺很可能与被仿印章不符，其典型性特征可以在印文中体现出来。

二、印文规格大小

仿制印章时对印文的尺寸很难把握，无论采取何种方式仿制印章都很难使印章的大小规格做得与被仿印章完全吻合，每一道程序的操作都会影响到印文的大小，即使操作精心也难免在诸多环节上产生误差。但是，印章的规格是一个可变性的特征，不能完全根据印文的规格尺寸来判断同一性，若印文的横纵直径明显不同的，则要考虑仿制伪造的可能。

三、各类印迹的属性

正常印章的图文边缘一般都较平整，盖印出的印文能够真实地反映出印章的自身特征，每次盖印时因受到盖印力度、衬垫物和蘸取印油等多因素的影响，会导致印文出现挤墨、露白等非本质性随机印迹的产生，可重复性差，各类印文都会有不同的印迹表现。仿制印文时会将这些随机特征制成印章固有的特征，被称为可变性印迹的固化现象，是认定仿制伪造印章的重要依据之一，因此，在鉴定过程中要对印文的各类印迹属性进行准确的辨别。

如果检材印文有多枚，可以通过相互比较来找出这样“可变性”印迹的重复再现规律，其位置、大小、形态有无变化，若可变性的印迹重复出现，且无任何变化，即可以作为判定伪造的重要依据。当检材印文只有一枚，就要根据印章制作工艺及印油的特征来判断各类印迹的“虚”、“实”，最为重要的是印文中“挤墨”与“露白”印迹，这两类印迹是随机性分布的细小特征，具有时时变化的特性，“挤墨”主要集中在图文笔画、边框的边缘，“露白”主要分布在图文笔画中。轮廓清晰、印迹较实的印迹一般是印章印面结构的真实表现。印迹发虚、边缘不清晰圆滑的可能是印章在盖印时压力轻重不均造成的，或印油等色料蘸印不均所导致的非印章印面结构的真实反映。

如下图，检材印文文字是规范的印刷字体，中心五角星图案带有防伪花纹，可排除手工雕刻的可能性，又根据印文的印油浓淡适中，无较大的色料颗粒堆积，印迹浓淡分布均匀，过渡自然，细节特征重复性强，可判断为光敏印章盖印。然而，检材印文与一般的光敏印章印文有着较大的差别，图文欠清晰，边框边缘不整齐，“断笔”、“挤墨”、“露白”众多，尤其是在检材 1、检材 2 印文中的重复性极高，无形态变化，是“可变性印迹的固化”特征的典型体现。样本印文中色料、露白分布自然，笔画平直，边缘整齐，其印章系激光雕刻工艺制作形成，与检材印章的制作工艺截然不同。

检材 1

检材 2

检材3

样本

（印文由武汉警官职业学院 付琳 提供）

四、印油（自含墨印章）

对于章墨一体的印章（光敏印章、原子印章），其储墨垫中的印油在一段时间内会保持种属的一致性，还会随着使用而出现印迹由浓变淡的变化规律。若检材印文与同期样本印文的印油在种属上出现明显差异，就需要考虑印文是否被仿制或是盖印时间等问题了。

第八章

同版印章的鉴别

第一节　同版激光雕刻印章的鉴别

世界上不存在绝对完全相同的两个事物，即使它们相似到我们难以利用现有的检测手段检验出来，它们还是具有独一无二的个体属性。印章同样如此，无论使用什么方法也不能制作出完全一样的两枚印章，只有更为相似，没有绝对相同。相似程度最高的莫过于同版印章，即利用同一印稿，期间不做任何设置，连续制作两枚或以上的印章。这种极高相似度的同版印章鉴别是当前法庭科学急需解决的问题之一。

本节所称激光雕刻印章主要指激光雕刻橡胶印章与激光雕刻牛角印章。

一、印坯表面平整度导致的露白特征

待刻印坯的表面要求平整无瑕疵，但无论是橡胶印坯还是牛角印坯都无法保证印坯待刻面的绝对平整，不平整的印章印面会影响印文的质量，凹陷处容易形成“露白”，凸出的杂质等印坯瑕疵会在印文中形成点状印迹，这类露白等特征属于印章固有印面特征的体现，具有稳定性。不同的印坯也具有个体性差异，所以同版雕刻的印章也无法复制这些露白特征。

二、激光雕刻焦印现象与利用

激光雕刻会产生高热能量，可以使印材焦化，从而影响到雕刻效果，因此，在利用激光雕刻机雕刻印章时在印坯表面施水，采取水冷却法进行表面降温，来防止印章图文焦化。焦化会导致印文笔画“中空”、残缺，形成印章印面的固有制作瑕疵特征。受印坯材料、激光器运转、水冷却效果的多重影响，不同印章印面焦化的出现以及出现的部位、程度、形态都不

可能完全一致，因此可以作为认定印章印文同一性的重要依据之一。如图，同版雕刻制作的 A、B 两枚橡胶印章中，B 印章印文在“天”、“河”、“有”、“限”等字的下部分笔画出现焦化缺失，而 A 印章印文中则没有出现。

三、激光束对细小笔画的处理

激光雕刻机的激光束直径约为 0.1mm，并在运转时存在微弱的偏差，导致激光束雕刻的图文位置具有一定的随机性，这种随机性会影响到印章印面的特征与印文质量，尤其会影响到对印章图文细小笔画的处理。如图，同版雕刻制作的 A、B 两枚橡胶印章中，B 印章印文在“金”字第一笔收笔、“限”字最后一笔的收笔、“公”字第二笔收笔等处与 A 印章印文存在细节特征差异。

四、阶梯状雕刻痕迹的产生位置及形态

激光器的雕刻路径分为横向雕刻和纵向雕刻，路径形式单一，但相比之下印章图文构成较为复杂，激光束的路径可与印章图文在 180 度范围内形成任一夹角，夹角的大小会影响到对图文边缘的处理效果，进而影响印章图文的细节形态，这种影响在橡胶印章上反映不明显，但在牛角等硬质印章上就会在图文笔画边缘呈现出阶梯状的特征。图文中与雕刻路径平行的部分，边缘较为平直，垂直于雕刻路径的部分有时会形成较细小的波浪起伏，具有一定夹角的尤其是夹角越小的部分，阶梯状形态越明显。激光束的雕刻具有一定的随机性，受多因素的影响，印章印面中阶梯状边缘的产生及位置、形态都有其不固定性，同版雕刻也是如此，是需要准确把握的高价值特征。

五、修剪打磨痕迹

激光雕刻的印章，在雕刻后需对印章的边框进行修剪打磨，以去除因印坯放置位置与雕刻位置偏差而导致的在印坯外边缘产生的多余部分。这个步骤主要是手工完成，操作不当会对印文边框造成损伤，形成固有印迹，所以修磨痕迹也是不能忽略的印文特征之一。此外，雕刻后的图文边缘会有残留的焦化物，通常需要利用砂纸进行打磨平整，打磨过程中难免对印章印面造成细小的擦痕，这也是个体特征的典型表现。

六、雕刻底纹线条印迹

印章印面留白部位的横条纹是激光雕刻印章特有的雕刻痕迹，当雕刻深度较浅或盖印时衬垫物较软的，常会导致盖印出的印文留白处出现脏印现象，可以显示出雕刻线条的浓密和雕刻方向。同版雕刻的印章也会因激光束雕刻的随机性而产生雕刻线条的差异，印文中雕刻线条出现的位置、形态等都是鉴定印文同一性的有效判断依据。

七、印文时段性特征的匹配

印章随着使用会在印文中出现时段性的印迹特征，主要是通过印泥（油）等介质所表现出来的，能够反映出印章在不同使用阶段因自身或附带等原因而产生的可变性印迹特征，是鉴定印文形成时间的重要依据。

不同的印章其时段性特征表现也一定不同，若两枚印文的细节特征非常吻合，但时段性特征不同，在有充分历时样本比对的条件下排除印章盖印时间不同而造成的这种可能，那么就要考虑是否为同版刻制的印章了。

A 印章

B 印章

A 印文

B 印文

第二节　同版光敏印章的鉴别

光敏印章制作工艺成熟，捺印质量较高，连续盖印重复性较好，图文清晰、边缘整齐、朱白分明、少有瑕疵。因此也是防伪性较差的一种印章，鉴定的难度也较其他类型的印章要大。相比而言，同版光敏印章的鉴别难度就更大了。光敏印章要经过印稿打印、曝光和组装等环节才能完成，在各环节中都会受到能够导致个体差异的因素的影响，如打印稿的质量、曝光强度、曝光时间、机械印压程度、组装等。

同源光敏印章的鉴别要点：

1. 疵点特征。疵点主要指在印文中非图文部位反映出的小点状印迹，以及在图文中出现的露白点特征。光敏印章的印稿采用激光打印机打印，激光打印机在使用过程中因磨损而产生各类打印缺陷，尤其是因感光鼓老化受损或污染而在印稿中出现底灰或大颗粒墨点，也会因非原装墨粉导致笔画墨粉颗粒松散，墨粉间隙过大，出现镂空或者因感光鼓感光层剥落而导致在黑色图文中出现白色斑点。这些打印印稿上的疵点经曝光后固定下来，成为印章印文的疵点特征。

此类疵点是随机产生的，不具有重复性，所以不会在连续打印的两份印稿中有绝对相同的表现。此外，曝光后的印稿会与透明塑料薄膜粘连，撕揭后会造成印稿墨粉脱落，因此光敏印章在制作时一枚打印印稿只能制作一枚光敏印章，所以不存在完全“同版”的两枚光敏印章。

2. 外边框特征。光敏印面的图文部分与留白部分水平高度相差极小，且光敏印材富有弹性，用力盖印时容易在印文边框外围出现印面体与外壳间隙的印迹，外壳受到污染时还会反映外壳印迹特征。

光敏印章印面制作完成后需选配合适的印章壳来组装成一枚印章。不同品牌型号的印章外壳的规格是存在差异的，如外壳的直径、边框的厚度，有无支撑爪以及支撑爪的形态、位置、大小等。即使选配相同的印章外壳，那么外壳的瑕疵印迹也可以利用。此外，在剪切光敏印垫及安装时，无法使印文的圆心与印章外壳边框的圆心完全重叠，会产生一定的误差，同源制作的两枚印章也不例外，两圆心的位置偏差、距离等均无法设定一致。

3. 图文质量特征。光敏印章在制作中要恰当地控制曝光，把握好曝光的强度以及印章垫与曝光机的紧压程度，这些人为操作环节都有可能对不同印章的图文产生不同的影响。（详见上篇第九章第一节）

4. 印油特征。光敏印章属于自含墨型印章，并使用专用的光敏印章印油，不同品牌型号的光敏印油会存在色泽差异和不同的荧光反映。印章内印油量减少可再加注印油继续使用，若同时盖印的两枚印文存在印油差异，则需考虑同版印章的可能，但应排除蘸印印台盖印的情形。

A 印章

B 印章

A 印文

B 印文

第九章 骑缝印文的鉴定

第一节 骑缝印文的一般性特征

骑缝印文，骑，兼跨两边；缝，缝隙。顾名思义，就是指盖印时骑压边缝的印文。

骑缝印文通常是指在两页以上的文件纸张边缘骑跨所有纸页进行盖印而形成的印文。从首页至尾页以一枚完整的印文连结，以保持和证明文件的完整性。虽然法律上没有强制要求正式文件中必须加盖骑缝印文，但加盖骑缝印文可以防止文件被增页、减页或换页而改变原有的真实意思表示，是重要的防伪方式之一。此外，在有些证件中为了保证粘贴的持证人相片与证件的一体性，防止替换照片等变造行为，也会在相片边缘处跨越相片和证件纸张盖印骑缝印文。

文件骑缝印文

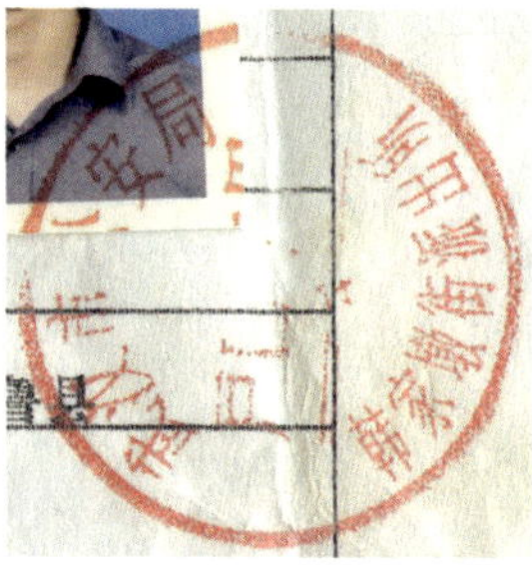

证件骑缝印文

骑缝印文的承痕方式与其他印文表现不同，具有一定的特殊性，主要体现在以下几个方面：

一、骑缝印文的不完整性

纸张具有一定的厚度，将文件逐页布开后会呈现出“阶梯状”的承痕面，而印章的印面是一个平面，这就会导致印面无法与承痕面紧密、充分接触，空隙处形成印迹缺失，而且还受盖印力度、衬垫物的影响，因此盖印出的骑缝印文具有天生的不完整性。

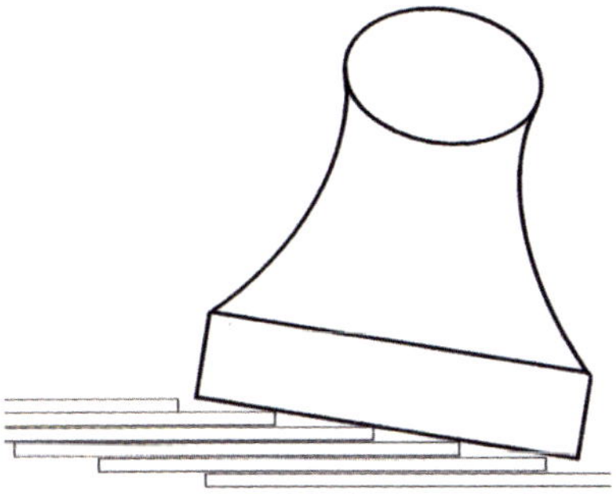

骑缝章盖印示意图

平面印文

骑缝印文（盖印力度大）

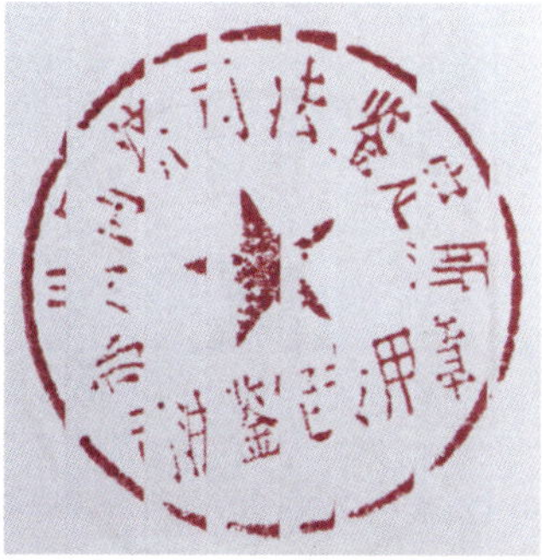

骑缝印文（盖印力度小）

二、骑缝盖印的规范性

骑缝印文是跨压文件中所有纸页的印文，纸张的摆放决定着盖印的规范性。

1. 溢印。文件中各页纸张的边缘间隙过小，骑缝部位宽度狭窄，使印章在盖印时无法完整地成印在骑缝部位。

2. 满印。文件中各页纸张的边缘间隙适中，骑缝部位宽度略大于印章直径，使印章在盖印时完整地成印在骑缝部位。

溢印

满印

3. 漏印。文件中各页纸张的边缘间隙不均，间隙过于狭小或下纸页完全遮盖于上纸页下发，无法接触到印章，骑缝部位宽度狭窄，使印章在盖印时无法完整地成印在骑缝部位。

漏印（首尾页）

漏印（中间页）

三、每页中印迹特征的价值

众所周知，印文印迹面积越大、细节特征越多检验的条件就越好，越容易进行鉴定。同一枚印章在不同页数文件上盖印的骑缝印文会被分成不同的份数，页数少的被分的份数就少，单页上印文面积就大，利用价值就高；页数多的被分的份数就多，单页上印文面积就小，利用价值就低。加之印章的形状和图文分布的影响，使每一页纸张上盖印的面积都不等，利用的价值也就不等。

骑缝印文（8 页）

单页印文

骑缝印文（29 页）

单页印文

第二节　骑缝印文的鉴定要点

骑缝印文的鉴定有两大任务：一是同一性鉴定，即骑缝印文与样本印文是否为同一枚印章盖印；二是印文的完整性鉴定，即骑缝印文是否为同一枚印章一次性盖印形成，文件有无增页、减页、换页等变造情形。

鉴定骑缝印文的要点主要有以下几个方面：

一、形成方式

印文形成方式鉴别是所有检验内容的首要步骤，这里主要需排除各种异常成印的可能。

二、印油特征

一次性盖印形成的骑缝印文虽分布在不同的纸页，但印文仍具有整体性，印油也具有一致性，除印油浓淡的自然分布外，不应出现印油种属、成分配比等方面的差异。检验时应注意每一页中印油色泽、颜料颗粒形态、油渍洇散、荧光反映等特征是否存在差异。

三、整体拼接

将骑缝印文进行还原性拼接检验是必不可少的检验方式，由于骑缝印文具有天生的不完整性，允许存在部分印迹缺失，但这种缺失应结合纸张厚度、盖印力度、印油种类及盖印条件来综合分析是否超出了应有的范围，各页间缺失的部分是否均等，再结合文件内容系统检验，以判断是否存在减页。骑缝印文允许在纸张边缘的间隙处存在缺失，但决不允许存在多余，多余图文的出现可以反映出骑缝印文的非整体性，就存在换页的高度嫌疑，可结合文件内容、制作特征综合判断。

四、逐页比对

骑缝印文是将一枚印文“化整为零”，文件页数越多，每页的印迹价值就越有限，当单页文件中印文印迹面积大时，可利用细节特征法进行比较，当单页特征价值降低，可采取拼接比对法进行比对。骑缝印迹分布于纸张边缘，此时纸张的边缘就成了一条分割线，以纸页的边缘为分割基准分别与样本印文进行拼接比对。

五、样本选用

在印章印文鉴定过程中样本的选用至关重要，骑缝印文也不例外，与骑缝印文形成条件最为接近的莫过于文件落款处的同名印章印文。实践中，落款印文与骑缝印文除呈痕面结构不同外，其他能够影响盖印质量的因素都最为相同或相似，所以要充分重视与落款处同名印章印文的相互比较。

六、系统检验

文书证据并不是孤立存在的，要受到各种主客观条件以及时空条件所共同影响，单就文书本身而言也不是孤立的，是纸张、打印墨迹、书写工具、笔迹、印文等多要素的集合体。因此，文书检验要建立一种系统检验的思维模式，结合多要素的检验来综合评判。

某市劳动争议仲裁委员会委托对一份劳动合同（12 张纸，双面打印，内容共计 23 页）进行鉴定，以确定劳动合同书上骑缝印文的完整性以及是否存在换页等情形。经对骑缝印文进行还原拼接比对，未发现多余印迹反映，整体性检验基本吻合，但印迹的相应部分缺失偏大，并发现第 11 页上骑缝印迹印油洇散严重，而其他页印油印迹无明显反映。结合上述异常现象反映进行系统检验发现，第 6 张纸的左上角只有一处订书钉装订痕迹，而其他纸页均有两处装订痕迹，并且纸张色泽存在差异，同时发现第 11、12 页打印特征与其他页差异明显。

骑缝印文全貌　　　　第 5、6、7 张

检　材　　　　样本印文

“限”字的“阝”部缺失，无体现，“1”与“0”的距离过大；第 11 页纸张上的印文存在较为明显的印油洇散现象，而其他纸张印文无此特征，缺乏整体性。

第 9 页底纹打印特征

第 11 页底纹打印特征

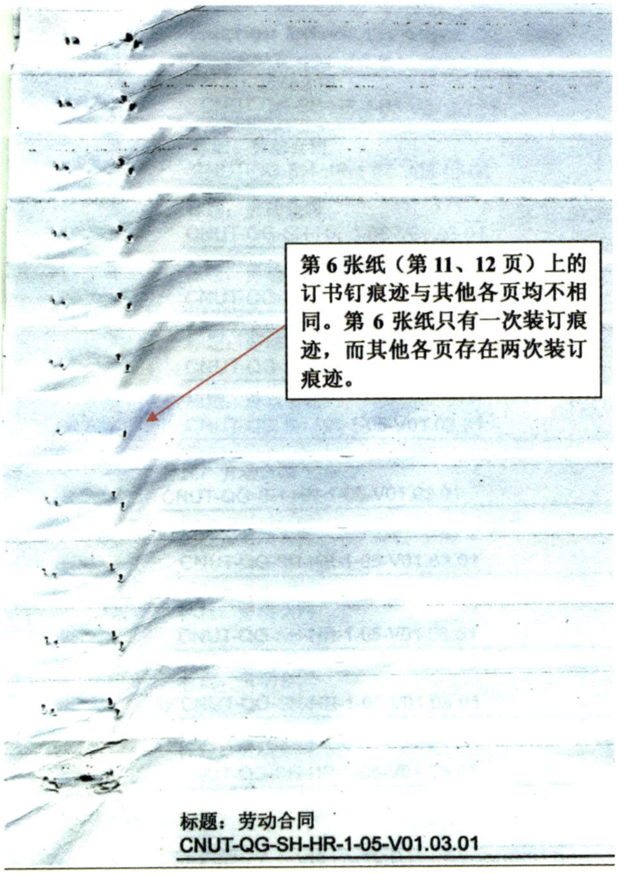

打印特征与装订痕迹特征

第十章

钢印印文的鉴定

第一节　钢印印文的一般性特征

钢印，通常有不同的指代。一种是指在工业生产领域里用于标记产品信息，多数由特殊工具钢或硬质合金钢，经过特殊的热处理工艺加工而成，通常为阿拉伯数字、字母或“合格”等标记的短小棒材，又称“冲字模”。另一种是指用钢、铜等金属作为印材，机械雕刻而成的普通金属印章的俗称。本章中所指钢印是利用黄铜等金属雕刻的上下阴阳两块印模组成的印章，在证件等特定文书上使用，盖印时无需印油等介质，靠压力印压成无色的凹凸图文印迹的印章，如毕业证、工作证、结婚证等证件以及公证书等特定文书上都需要盖钢印印文。

钢印印文检验是与痕迹检验最为密切的文书检验项目之一，钢印通过上下两面钢板印模相互印压来改变纸张纤维形态，从而在纸张等载体上形成立体性印迹的一种盖印方式。盖印时上下印面均为造痕客体，钢印印文正面是凸起印痕，反面则是凹陷印迹。钢印印文是单纯利用压痕来反映印文的，钢印印文除能够反映出钢印的形态及大小、内容与布局、字体字形、印面结构疵点等一般特征和细节特征外，还具有压痕特征的表现，即文书纸张正面的凸起与背面凹陷的痕迹特征。

冲字模

金属印章

钢印

钢印上印面（凹）

钢印下印面（凸）

钢印印文正面（凸）

钢印印文背面（凹）

第二节 钢印印文的鉴定要点

普通印文是印章将印泥、印油等色料作为介质，利用转印原理进行捺印，在承痕物表面形成的反映印章图文的印迹。钢印是利用压痕来反映印文的，影响钢印盖印效果的因素有钢印印面结构、阴阳面咬合精度、平行度、印压力度和纸张厚度等。

一、去除背景干扰

钢印印文多是盖印在有底色花纹或有防伪印刷图文的证件上，这些背景会严重干扰对印文的检验，如何最大限度地减少这部分内容对印文的干扰、突出印文细节特征是首先需要考虑的。现在我们可以使用反射变换成像技术去除这类背景干扰。反射变换成像技术由惠普（Hewlett－Packard）实验室的研究人员 Tom Malzbend 和 Dan Gelb 发明，2001 年首次发布其研究成果并将此方法命名为多项式纹理映射（Polynomial Texture Mapping，简称 PTM）技术。此后，反射变换成像技术在国际研究团队十几年来的开发下不断提高，目前已广泛应用于文物研究领域，也在国外法庭科学领域有了一定的运用，如提取足迹、轮胎痕迹和显现潜在书写压痕文字等。2015 年江苏警官学院刑事科学技术系刘宁教授将此项技术引入国内，并开展了大量有益的深入研究与技术推广。

反射变换成像技术是一种数字图像技术，它基于数字摄影和表面反射成像模型，适用于非透明、非金属、表面漫反射的物体。通过记录和处理被摄物体的颜色信息和表面纹理信息，获得比单张摄影图像信息更多的影像，再经相关软件处理创建反射变换成像（RTI）文件，即可展示被摄物除去颜色信息的三维立体形态。

经反射变换成像技术处理后的钢印效果良好，能够去除纸张上的底纹、图案等背景的严重干扰，细致、清晰地展现出钢印凹凸痕迹的表面结构和细节特征。

钢印原貌

RTI

二、压痕凸起形态特征

在不同的钢印所形成的印文中，凸起部位的形态会有所不同，有的呈现出弧形、单角形或多角形等，笔画凸起的高度和宽度也是稳定的特征之一。同一枚印章盖印的印文的上述特征应表现一致。

三、压痕凹陷形态特征

钢印是由上凹下凸的两块钢板印模相互咬合来完成盖印的，一枚钢印印文是两面造痕客体共同作用形成的，正面凸起印痕的反面自然是凹陷印迹，可以看作是两枚印文的检验，各面的印痕特征都要充分利用。

四、压痕分布形态特征

钢印上下两枚印模在安装时容易造成偏差。印面不平行，会导致印压成的印文力度及印痕深浅不一致，出现一边轻一边重的现象；印面中凹凸图文对位不准，形成错口咬合，容易将纸张纤维撕裂、剪断，图文反映不精准。

钢印印文正面

钢印印文背面

第十一章

复印、传真印文的鉴定

随着办公自动化程度的逐渐加深，打印机、复印机、传真机、多功能一体机、数码复合机等现代化办公设备得到越来越广泛地应用，并迅速普及。其中，传真机的使用在经济、文化交往中显得极为便捷和重要，特别是对于信函、稿件、图表的传递具有高效、准确、快捷的特点，使传真机成为办公的必需品，由此也产生了大量涉及传真文件争议的各类民事纠纷。

《中华人民共和国合同法》第11条规定："书面形式是指合同书、信件和数据电文（包括电报、电传、传真、电子数据交换和电子邮件）等可以有形地表现所载内容的形式。"另外，全国人大常委会法制工作委员会编写的《中华人民共和国合同法释义》也提到：电报、电传、传真也属于书面形式，大量的合同通过这三种形式订立。此规定及释义在民法意义上承认了传真文件的法律效力。在实践中也有较为谨慎的当事人直接在合同中约定"传真文件有效"的条款。但是，传真文件的形成是发送端传真机和接收端传真机相互通讯共同作用的结果，是原稿文件经发送端传真机扫描、电话线路传输信号，于接收端传真机接收后打印形成的文件，所形成的传真文件是原发送文件的拷贝复印。从这个意义上讲，传真文件属于复制文件的范畴，复制文件在证据学领域中属于传来证据。是经过传抄、复制或转述等方法获得的证据，属于效力待定证据。也就是说，若要对传真文件证据加以利用往往需要审查甄别来确定其是否根据原件复印、复制，复制过程中有无伪造、变造等情形。

一、传真文件及印文的打印记录特点

发送端将需要发送的文稿信息内容经过扫描转换成电信号，然后将电信号通过放大器进行放大，再经过编码和调制处理形成标准制式的信号，最后由通信线路传送到接收端，接收端接收到传递过来的信息编码后，经过解调和译码转换将传输端传输过来的信息还原成图文信息内容并打印输出，而被“还原”的图文信息中字迹、印文的边缘呈“菱块状”，线条会出现“阶梯状”对接，是图文信息被“像素化”的结果。由于传真文件是双方传真机共同作用的结果，就要受到双方传真机的品牌型号、质量、记录方式、打印纸张等多因素的影响，这就容易造成传真文件中的笔迹、印文反映的特征失真、字迹模糊、手写字迹笔顺难辨、印章印文变形等现象。原文件上的印文经传真后再次记录的印文多呈黑色，与其他字迹印痕重叠时造成层次不清，而且会出现纵向拉伸变形、横向拉伸变形或印文直径大小改变、细节特征失真等，这是图文信息经调制、解调后“重组”的结果。因此会造成原本不够清晰的印文失去检验条件，这是传真技术（这里主要指传真三类机）无法克服的。

原印文

传真印文

二、传真印文鉴定的要点

传真印文与盖印样本印文的比对不能用直径大小来评价，即传真印文本身就存在着变形问题。但可以进行印文文字字体、布局、细节特征等方面的比较。其中，字体、布局不会因印文的拉伸变形而改变，具有相对稳定性。

原印文

传真印文

另外，在印文细节特征方面也有可利用之处，如对印文的露白、边框缺损、防伪线痕等具有较高价值的细节特征加以利用。据此判断检材传真印文与样本印文是否为同一枚印章盖印。具体示例详见下图：

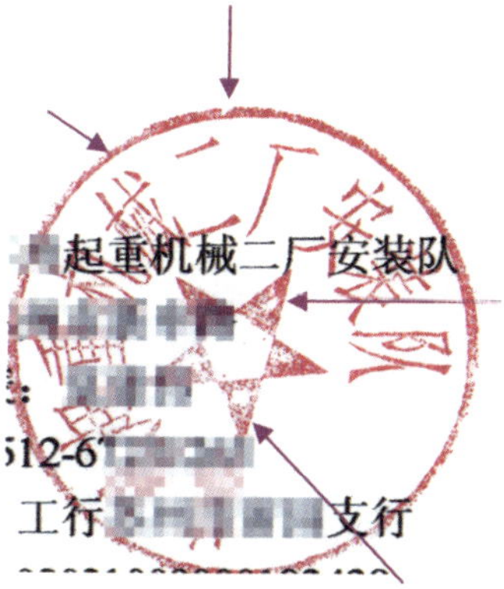

原印文

传真印文

三、传真印文鉴定的结论描述

常规的印文检验常将鉴定结论描述为："检材印文与样本印文是同一枚印章盖印"或者"检材印文与样本印文不是同一枚印章盖印"。但在这里就要强调印章的图文反映。

根据传真文件我们可以直接读取文件上记载的信息，但无法掌握原稿文件的"庐山真面目"，即无法确定原稿文件是否存在伪造，如喷墨打印印文、粘贴复印印文、利用原有真实印文伪造文书（先朱后墨）等情况，对此类原件的检验可以鉴别印文的真伪和伪造的手段、方法。若是将伪造文件进行传真后检验传真文件，则一些原有的“信息”就会变得模糊或是消失，而且又会添加新的干扰“特征”，如“菱块状”边缘等。在检验传真文件的情况下将传真印文的鉴定结论描述为“检材印文与样本印文是同一枚印章盖印”。就会对案件的认定产生偏差，导致“想当然”的错误。因此要将需要认定的鉴定结论表述为“印章的图文反映一致”，仅对印章的图文形态对比描述。在实践中可将传真印文的鉴定分为以下几类：

1. 检材印文与样本印文表现一致：①在检验过程中发现，检材印文与样本印文的文字排列位置、防伪线痕、刻制痕迹、磨损痕迹等特征表现一致，且不存在传真过程所产生不了的差异点，即可将鉴定结论表述为：“检材印文与样本印文是同一枚印章的图文反映”。②因印文模糊或是在检验过程中没有发现本质性的差异点，但相同点的特征价值又较低，即不具备检验条件，应结合传真印文的特点将鉴定结论表述为：“无法确定检材印文与样本印文是否为同一枚印章盖印”。

2. 检材印文与样本印文不一致：在检验过程中发现两者间存在本质性的差异点，如印文内容、字体、排列比例等特征，即可将鉴定结论表述为：“检材印文与样本印文不是同一枚印章盖印”。

后两种情况因不具备检验条件或可以得出“否定同一”的肯定结论，就不会对利用真实印文伪造文书后的传真印文造成“同一认定”的误判，也就不必再强调“印章的图文反映”。

第十二章

印文的计算机自动识别技术

计算机自动识别早已不是什么新鲜事物了，尤其是在生物特征自动识别领域，如指纹识别、DNA 识别、人像识别、虹膜识别、视网膜识别、语音识别等基于人类生理特征的识别技术。首先是在被采集对象处获取相关的生物特征信息，并在处理后的数据中提取特征信息，然后再将这些信息与待检对象的某类生物特征进行比对。然而随着科技的发展，对生物特征的自动识别的研究已经超越了解剖学和生理学的范畴，如笔迹自动识别等基于行为特征的自动化识别。

印文的计算机自动识别进入研究领域后相继产生了一系列的成果，主要用于银行系统的印鉴比对等，但这种比对对印鉴式样和验证对象印文的盖印质量要求极高。说到底，印章的盖印及印文成痕是一个受众多主客观因素共同影响的结果。印材与制章工艺多种多样，印油、印泥千差万别，持印人的盖印方式等使用习惯无一不影响着印文特征。

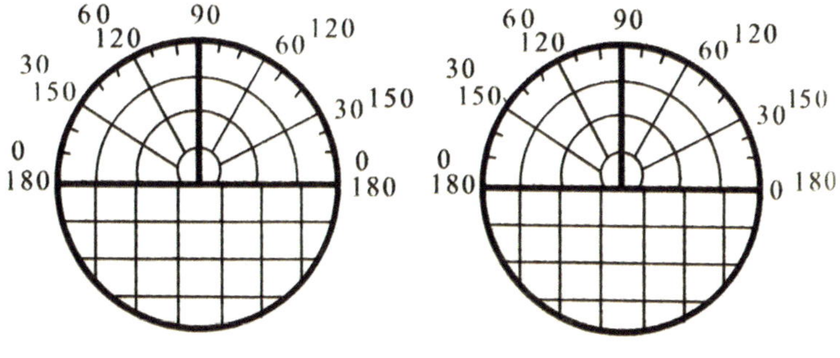

印文检验标尺

因此可以说，印文检验是一个在很大程度上需要人工比对的检验项目，任何形式的机械比对都是不可取的，这也就要求检验鉴定人员能够掌握印材、制章工艺等与印章相关的基础知识，准确把握印文的各类特征，不断提高检验理论与检验水平。

附

关于印章规格的法律规定

印铸刻字业暂行管理规则

政务院政治法律委员会批准

1951 年 8 月 15 日公安部发布

第一条　为加强社会治安，保障印铸刻字业的合法经营，防范不法分子伪造假冒，特制定本规则。

第二条　凡经营铸造厂、制版社（制造钢印、铜版、胶版、石印版、珂罗版、火印、锌印、证明牌号等）、印刷局（以机械或化学材料印刷簿册、证券、商标等）、证章店、刻字店、刻字摊（雕刻戳记、印版、印章、胶皮印等）及所有上属性质之营业者，不论专营、兼营、公营、私营，（国家机关专用不以营业为目的者例外）或属何国籍，除法令另有规定者外，均依本规则管理之。

第三条　凡经营印铸刻字业者，须先向该管市（县）人民政府公安局或分局申请登记，办理以下手续：

一、详细填写特种营业登记表两份，附申请人最近二寸半身免冠相片 3 张，并觅具可靠非同业铺保两家。

二、造具该业股东、职工名册，建筑设备及四邻平面略图（露天刻字摊免缴平面略图）。

三、将填妥之申请登记表，连同相片、略图、名册等送公安局或分局，经核准发给许可证后，须另向该管工商机关申请，领得营业执照后始准营业。

第四条　凡在本规则颁布前，已开业之印铸刻字业，均须补办第 3 条规定之手续。

第五条　凡领有许可证之印铸刻字业者，如有更换字号、经理、股东，或迁移、扩充、转业、歇业等情况，均须先经公安局或分局许可后，始得办理其他手续。

第六条　凡经营印铸刻字业者，均须遵守下列事项：

一、遇有下列各项印刷铸刻情形之一者，须将底样及委托印刷刻字之机关证明文件，随时呈送当地人民公安机关核准备案后方得印制。

1、刻制机关、团体、学校、公营企业之关防、钤记、官印、公章、胶皮印、负责首长之官印、名章等。

2、印制布告、护照、委任状、袖章、符号、胸章、证券及文书信件等。

3、铸造机关、团体、学校、公营企业使用之各种钢印、火印、号牌、徽章等或仿制该项式样者。

二、凡经营印铸刻字业者，均需备制营业登记簿，以备查验。属本条第1款规定之各印制品，承制者一律不准留样，不准仿制，或私自翻印。

三、遇有下列情形之一者，须迅速报告当地人民公安机关：

1、伪造或仿造布告、护照、委任状、袖章、符号、胸章、证券及各机关之文件等。

2、私自定制各机关、团体、学校、公营企业之钢印、火印、徽章、证明、号牌或仿制者。

3、遇有定制非法之团体、机关戳记、印件、徽章或仿制者。

4、印制反对人民民主、生产建设及宣传封建等各种反动印刷品者。

四、凡印刷铸刻本条第3款所规定之各项物品者，除没收其原料及成品外，得按照情节之轻重，予以惩处。

五、对人民公安机关之执行检查职务人员，应予协助进行。

第七条　营业者有下列情形之一时，得缴销其特种营业许可证，停止其营业。

一、假借他人名义者。

二、领取许可证后，无正当理由两月以上未开业者。

三、无故休业超过1月以上者。

四、营业者行踪不明逾两月者。

第八条　凡遵照本规则各条规定进行报告、检举，因而查获重大罪犯、破获重大案件者，由公安局酌情予以名誉或物质奖励。

第九条　省级以上人民公安机关，得依据本规则之精神，制定补充办法；县（市）级人民公安机关如有制定补充办法之必要时，须经省级人民公安机关批准。

第十条 本规则经中央人民政府政务院政治法律委员会批准，由中央人民政府公安部发布施行。

共青团中央
关于各级团组织印章问题的规定

（79）中青字第10号

各级团委使用的印章式样，是团中央1965年规定的，十多年来，由于团的组织不够健全，印章的保管和使用都存在一定的问题，有的团委印章以散失刻制。为此，将各级团组织印章的式样和管理方法重新制定如下：

一、印章的形状。各级团委的印章圆形、单边。印章中央刊五角星（实心），星两旁刊单横线。印章上的文字酌情分成两行或三行，一行自左而右环刊于星和单横线的上边，另一行或两行自左而右横刊于星和单横线的下边。

二、印章的规定：

1. 团中央委员会：直径5公分，圆边宽0.15公分，五角星：0.9公分，星两旁的单横线各长1.2公分。

2. 各省、市、自治区团委，团中央各直属团委，全国铁道团委和团中央各部（厅）：直径4.4公分，圆边宽0.15公分，五角星，直径0.7公分，星两旁单横线各长1公分。

3. 各地、县、区、社团委和省、市、自治区团委各部及其所属单位，以及需要刻制印章的团组织：直径4公分，圆边宽0.15公分，五角星，直径0.6公分，星两旁单横线各长0.9公分。

三、印章的文字。一律用仿宋体和国务院公布的简化字。民族自治地区团组织的印章，应并列汉文和当地通用的民族文字。团组织名称一般应写全称，如文字过多时，也可适当使用通行的简称。使用印章时，一律用红印色。

四、印章的制发：

1. 各省、市、自治区团委，团中央各直属团委，全国铁道团委的印章，自行刻制，报团中央备案。地以下各级团组织的印章制发办法，由各省、市、自治区团委规定。

2. 各级团委所属部（室）的印章，由该级团委按规定自制。印章的质料，由制发机关根据当地物质和技术条件自行选定。

五、印章的使用。启用印章的具体时间，由使用印章的单位决定，并通知有关单位。各单位的印章应指定专人负责保管。印模和启用印章的通知，应归入本单位档案保存。

六、印章的缴销。印章因组织机构变动，或换用新印章而停止使用时，使用印章的单位应向有关单位发出停止使用印章的通知。通知归入本单位档案保存，旧印章交由原制发单位处理。停止使用的印章，保存一定的时间，经过鉴定和领导的批准，除少数有历史价值的需要长期保存以外，一般的即可销毁。

七、团的支部委员会不刻制印章，支部文件以支部书记签名为凭。如果确实需要刻制印章，应报请上级团委决定制发。

八、军队中团组织的印章式样和管理办法，由解放军总政治部青年处制定。

九、在规定下达后，以前所发有关印章的规定即行作废。现用旧印章可以继续使用，但须在1979年底以前按规定更换完毕。

共青团中央办公厅印发《关于制作中国共产主义青年团团员证的规定》和《关于团员证专用钢印的制作、使用规定》的通知

（1987年4月20日）

共青团各省、自治区、直辖市委，总政组织部，武警总部政治部，全国铁道团委，全国民航团委，中直机关团委，中央国家机关团委：

现将《关于制作中国共产主义青年团团员证的规定》和《关于团员证专用钢印的制作、使用规定》印发给你们，请认真执行。

中国人民解放军和人民武装警察部队团员证的颁发问题，由团中央组织部分别与总政组织部和武警总部政治部另行商定。

共青团中央办公厅
关于制作中国共产主义青年团团员证的规定

（1987 年 4 月 20 日）

为了保证团员证制度的顺利实施，特对团员证的制作规定如下：

一、中国共产主义青年团团员证的样式由团中央组织部制定。团员证封皮为墨绿色，封面正上方印有红色烫金团徽，团徽下方印烫金“团员证”字样。团员证包括：团员自然情况、团员组织关系转接、团籍注册、团员超龄离团、备注等项目。民族地区可同时并用民族文字。

二、中国共产主义青年团团员证由团中央委托中国青年出版社制作、发行。任何企业和个人，未经批准，不得自行制作团员证，也不得自行向基层团组织征订或把团员证作为商品销售。

三、团的组织所需团员证应以县级或县级以上团委为单位向中国青年出版社订购。中国青年出版社在接到订单后 3 个月内将团员证发到订购单位。

四、对于非法自行印制、销售团员证的企业和个人，团中央将会同工商管理部门严肃处理，情节严重的要追究法律责任。对于违反本规定，自行向中国青年出版社以外的企业和个人订购团员证的团组织，一经发现，要追究团组织负责人的责任，问题严重的要给予纪律处分。

共青团中央办公厅
关于团员证专用钢印制作和使用的规定

（1987 年 4 月 20 日）

一、团员证专用钢印的样式

钢印为圆形，中央铸五角星，星两旁铸单横线。星和单横线上方自左而右环铸“中国共产主义青年团”字样，星和单横线下方铸省份、系统简称和地方编号（详见附样）。

二、团员证专用钢印的规格

钢印直径40mm，圆边宽1.5mm，五角星直径7mm，星边单横线各长9mm，钢印文字一律使用国务院公布的简化字（三号仿宋体），钢印编号一律使用阿拉伯数字。

三、团员证专用钢印的编号

钢印以省、自治区、直辖市和各系统团委为单位统一编号。编号排列以团的组织隶属关系为顺序，即：省份、系统简称；简称后前两位数为地、市团委编号；后两位或三位数为团的县级地方委员会或地级厂矿、大学、机关团委的编号。凡经上述团委授权办理颁发团员证具体事宜的基层团委，可按授权单位的钢印编号制作钢印，不另行编号。各省团员证编号应汇总成册，报团中央组织部备案。

四、团员证专用钢印的制作

制作团员证专用钢印，要经公安部门批准，由省级团委指定厂家统一制作。

五、团员证专用钢印的使用和管理

团员证专用钢印只能用于颁发团员证，不得作为工作证和其他证件、证书的章印。钢印由团的组织部门指定专人负责保管。

（附有钢印略）

中共中央办公厅
印发《关于各级党组织印章的规定》的通知

中办发［1983］37号

1971年9月2日中央办公厅发出的《关于各级党组织印章问题的规定》，已不完全适合现在的情况。根据中国共产党第十二次全国代表大会通过的新党章有关组织机构的规定，现将各级党组织印章的规格、式样和管理办法重新规定如下：

一、印章规格、式样

1、（略）

2、（略）

3、(略)

4、省、市、自治区党委和中央各部委下属各级党组织（党委、党组、顾委、纪委总支部、支部）及其工作部门的印章：圆形，直径4.2厘米，圆边宽0.15厘米，中间刊镰刀锤子图案，直径1.6厘米，图案外刊党组织名称。

二、印章的名称、文字

印章所刊党组织的名称，一般用全称，如文字过多，可以采用通用的简称。印章的文字，用宋体字和国务院公布实行的简化字。民族自治地方党组织的印章，应当并刊汉字和当地通用的民族文字。

三、印章的制发

各级党组织的印章由上一级党组织制发。各级党代表大会选举的顾问委员会、纪律检查委员会的印章，由同级党委制发。各省、市、自治区党委，中央各部委，中央国家机关、国务院各直属机构和相当部一级公司党组（党委），中央直属各人民团体党组的印章，由中央办公厅制发。县委的印章，由省、市、自治区党委制发。乡（镇）党委的印章，由县委制发。各种专业公司、工交、财贸、文教、卫生、体育、科研、人民团体和其他群众性组织等单位党组织的印章，由其上一级党组织或代管单位党组织制发。非独立单位的党支部委员会，一般不刻制印章，如需要，由上一级党组织制发。

党组织一般不制发印刷文件用的套印印章，如确实需要，报上一级组织备案后自行刻制，套印印章的规格式样与正式印章相同。制作证件用的钢印极其他专用章，在规格和式样上应与正式印章有所区别，可自行刻制。

刻制党组织的印章，须由制发机关的办公厅（室）或政治部门开具公函，并详细写明印章的名称、式样和规格，到制发机关所在地的公安部门办理登记手续。公安部门应指定适当的刻字单位承担党组织印章的刻制任务。承制单位或刻字者一律留样或仿制。

四、印章的使用和管理

党组织的印章，由该组织的负责人或指定人员保管。使用印章须经该组织负责人批准，每次用印应进行登记。大批印发的党内文件，可不盖印章。印章的启用或停用应及时通知有关单位。印模在本单位存档。递送党组织印章，应按递送秘密文件对待。

党组织印章因损坏或机构变动而停止使用后，应及时缴回原制发机关。收回的旧印章，区别情况予以封存或销毁。销毁旧印章，须经机关领导人批准。二人监销。

中国人民解放军系统党组织印章的规格、式样和管理办法，按中国共产党中央军事委员会的规定办理。中国人民武装警察部队党组织印章，按中国共产党公安部党组的规定办理。

中华全国总工会
关于各级工会组织印章的规定

（1986 年 12 月 15 日）

1978 年 12 月 19 日发出的《中华全国总工会关于各级工会组织印章的规定》，有些条文规定已不适合现在情况。经研究，现对各级工会组织印章的尺寸、式样、规格及管理办法重新规定如下：

一、各级工会组织的印章一律为圆形，宽边内加一细线，中间刊五角星，星外刊单位名称，文字自左而右环排。

二、印章所刊工会组织的名称一般用全称，如文字过多，可采用通用的简称。印章的文字，用宋体字和国务院公布实行的简化字。民族自治地方工会组织的印章，应当并刊汉字和当地通用的民族文字，民族文字刊左，汉字刊右。

三、中华全国总工会的印章，直径 5 公分，边宽 0. 15 公分，五角星直径 2 公分。各省、自治区、直辖市总工会及全国产业工会、全总部委办一级组织的印章，直径 4. 6 公分，边宽 0. 12 公分，五角星直径 1. 8 公分。其他各级工会组织，及工会组织所属的部门、企事业单位的印章，直径均为 4. 2 公分，边宽 0. 12 公分，五角星直径 1. 6 公分。

四、各级工会经费审查委员会印章的尺寸、式样、规格与同级工会组织的印章相同。由同级工会组织制发。

五、中华全国总工会的印章以及各省、自治区、直辖市总工会和全国产业工会、全总部委办一级组织的印章由全总办公厅制发。其他工会组织及所属部门、企事业单位的印章，由其主管的上一级工会组织制发（各省、自治区、直辖市总工会及有关的全国产业工会可视情制定具体办法）。

六、如确实需要制作印刷文件用的套印印章，可报上一级组织备案后自行刻制。套印印章的式样规格应与正式印章相同。

七、制作证件用的钢印及其他专用章，应在式样规格上与正式印章有所区别，各单位可自行刻制。

八、刻制工会组织的印章，须由制发机关的办公厅（室）开具证明，并详细写明印章的名称、式样和规格，到制发机关所在地的公安部门办理登记手续，去指定的单位刻制。承制单位和刻制者都不准留样和仿制。递送工会组织的印章，应按递送秘密文件对待。

九、工会组织的印章，由该组织的负责人或指定人员保管。使用印章须经该组织负责人批准，每次用印应进行登记。大批印发的且印有文件头的工会内部文件，可不盖印章。

十、印章的启用或停用应及时通知有关单位。印模在本单位存档。工会组织的印章因受损坏或机构变动而停止使用后，应及时上缴原制发单位。收回的旧印章，应区别情况予以封存或销毁。销毁旧印章，应经本组织负责人批准，2 人监销。

十一、过去有关印章的规定，如与本规定有抵触的，以本规定为准。

国务院关于国家行政机关和企业、事业单位印章的规定

国发〔1993〕21 号

各省、自治区、直辖市人民政府，国务院各部委、各直属机构：

1979 年国务院颁发的《国务院关于国家行政机关和企业、事业单位印章的规定》（国发〔1979〕234 号），有些条文应作修订。现对国家行政机关和企业、事业单位印章的规格、制发和管理办法，重新统一规定如下：

一、印章的规格、式样和制发

（一）国家行政机关和企业、事业单位、社会团体的印章一律为圆形。

（二）国务院的印章，直径 6 厘米，中央刊国徽，国徽外刊机关名称，自左而右环行（图一），由国务院自制。

（三）各省、自治区、直辖市人民政府和国务院各部委的印章，直径 5 厘米，中央刊国徽，国徽外刊机关名称，自左而右环行（图二），由国务院制发。

（四）国务院各直属机构的印章，直径4.5厘米，中央刊国徽，国徽外刊机关名称，自左而右环行（图三），由国务院制发。

（五）国务院办事机构的印章，直径5厘米，中央刊国徽，国徽外刊机关名称，自左而右环行（图四），由国务院制发。

（六）国务院所属事业单位及国务院直接批准的全国性公司的印章，直径4.5厘米或5厘米，中央刊五角星，五角星外刊机关名称，自左而右环行（图五），由国务院制发。个别国务院所属事业单位的印章，经国务院批准可刊国徽。

（七）国务院有关部委管理的国家局，其印章直径4.5厘米，中间刊国徽，国徽外刊机关名称，自左而右环行（图六），由国务院制发。

（八）国务院有关部委外事司（局）的印章，直径4.2厘米，中央刊国徽，国徽外刊机关名称，自左而右环行（图七），由国务院制发。

（九）国务院设置的议事机构、非常设机构的印章，直径5厘米，中央刊五角星，五角星外刊机关名称，自左而右环行（图八），由国务院制发。

（十）自治州、县、自治县、市、市辖区人民政府的印章，直径4.5厘米，中央刊国徽，国徽外刊机关名称，自左而右环行（图九），由省、自治区、直辖市人民政府制发。

（十一）行政公署的印章，直径4.5厘米，中央刊五角星，五角星外刊机关名称，自左而右环行（图十），由省、自治区人民政府制发。

（十二）乡、镇人民政府的印章，直径4.2厘米，中央刊五角星，五角星外刊机关名称，自左而右环行（图十一），由县、自治县、市人民政府制发。

（十二）驻外国的大使馆、领事馆的印章，直径4.2厘米，中央刊国徽，国徽外刊机关名称，自左而右环行（图十二），由外交部制发。

（十四）国务院各部门和地方各级国家行政机关所属的单位，以及工厂、矿山、农场、商店、学校、医院等企业、事业单位、社会团体的印章，直径不得大于4.5厘米，中央一律刊五角星，五角星外刊单位名称，自左而右环行（图十三），或者名称的前段自左而右环行、后段自左而右横行，分别由国务院各部门和地方各级国家行政机关制发，或者由国务院各部门和地方各级国家行政机关另行规定制发办法。

二、印章的名称、文字、字体和质料

（一）印章所刊名称，应为本机关的法定名称。行政公署的印章，冠省

（自治区）的名称。自治州、县、自治县、市人民政府的印章，不冠省（自治区、直辖市）的名称。市辖区、镇人民政府的印章和乡人民政府的印章，冠市或县（自治县）的名称。印章所刊名称字数多、不易刻印清晰时，可以适当采用通用的简称。

（二）民族自治地方的人民政府印章，应当并刊汉文和相应的民族文字。

（三）印章的印文，使用宋体字和国务院公布实行的简化字。

（四）印章质料，由制发机关自定。

三、专用印章的制发

（一）国务院各部委、各直属机构和各省、自治区、直辖市人民政府印制文件时使用的套印印章、印模，规格、式样和正式印章等同，由国务院制发。

（二）国务院有关部委外事用的火漆印，直径4.2厘米，中央刊国徽，国徽外刊机关名称，自左而右环行，由国务院制发。

（三）钢印直径量大不得超过4.2厘米，最小不小于3.5厘米，中央刊五角星，五角星外刊机关名称，自左而右环行，经上级领导机关批准后自行刻制。地方外事办公室、驻外使领馆钢印的规格、式样由外交部制定、颁发。

（四）其他专用章，在名称、式样上应与正式印章有所区别，报上级领导机关批准后自行刻制。

四、印章的刻制、管理和缴销

（一）制发印章的机关，对印章的刻制和发送必须加强管理，严格手续。刻制印章的工厂或刻字社，必须取得用章单位的上级委托书和公安部门的准许，才能刻制。对伪造印章和使用伪造印章者，应当依法惩处。

（二）各单位对印章要严格管理，使用印章，必须经本单位领导人批准。对非法使用印章的，应当根据情节给予行政处分直至依法惩处。

（三）各单位的印章，如因机构变动停止使用时，应当将原印章缴回制发机关封存或销毁。

五、过去有关印章的规定，如与本规定不一致的，以本规定为准。

附件：印章规格式样（略）

中华人民共和国国务院

1993年4月1日

社会团体印章管理规定

民政部、公安部 1993 年 10 月 18 日发布

为了保障社会团体的合法权益，加强对社会团体印章的管理，根据《社会团体登记管理条例》和《国务院关于国家行政机关和企业、事业单位印章的规定》（国发［1993］21 号），现对社会团体印章的规格、制发和管理办法规定如下：

一、印章的规格、式样和制发

（一）社会团体的印章为圆形。

（二）全国性社会团体的印章，直径 4.5 厘米，中央刊五角星，五角星外刊社会团体的名称，自左而右环行，由社团登记管理机关出具证明，经该社团总部所在地的公安机关办理准刻手续后，由社团登记管理机关制发。

（三）地方性社会团体的印章，直径 4.2 厘米，中央刊五角星，五角星外刊社会团体名称，自左而右环行。由地方社团登记管理机关出具证明，经该社团总部所在地的公安机关办理准刻手续后，由地方社团登记管理机关制发。

（四）社会团体的办事机构和分支机构印章的尺寸式样及制发与其总部印章相同。社会团体的办事机构和分支机构印章名称前应冠其总部名称，前段自左而右环行，后段可以自左而右横行。

（五）社会团体主办的具有法人资格的实体单位按其登记注册或批准的名称刻制印章。

二、印章的名称、文字、字体和质料

（一）印章所刊名称，应为社会团体的法定名称。印章所刊名称字数过多，不易刻印清晰时，可以适当采用通用的简称。

（二）民族自治地方社会团体的印章，应当并列刊汉文和当地通用的民族文字。

（三）有国际交往的社会团体印章，需标有英文名称的，应当并列刊汉文和英文。

（四）印章印文中的汉字，使用宋体字并应用国务院公布实行的简化字。

（五）印章质料，由制发机关自定。

三、专用印章的制发

（一）钢印直径最大不得超过4.2厘米，最小不得小于3.5厘米，中央刊五角星，五角星外刊社会团体名称，自左而右环行，经社团登记管理机关和公安机关批准后刻制。

（二）其他专用章，在名称、式样上应与正式印章有所区别，经社团登记管理机关和公安机关批准后刻制。

四、印章的管理和缴销

（一）社会团体的印章经社团登记管理机关和有关业务主管部门备案后，方可启用。

（二）对社会团体非法刻制印章的，由公安机关视其情节轻重，对其直接责任者予以500元以下罚款或警告；造成严重后果的，对其主管负责人或直接责任人追究法律责任。

（三）社会团体应建立健全印章管理制度，印章应有专人保管，对于违反规定使用印章造成严重后果的追究保管人和责任人的行政或法律责任。

（四）社会团体变更需要更换印章时，应到社团登记管理机关交回原印章，重新提出申请，经核准后，刻制新的印章。

（五）社会团体办理注销登记，应将全部印章交回社团登记管理机关封存。

（六）社会团体被撤销，由社团登记管理机关收缴其印章。

（七）社会团体印章丢失，经声明作废后，可按本规定程序申请重新刻制。

（八）对于收缴和社会团体交回的印章，由社团登记管理机关登记造册，定期销毁，并将销毁印章的名册送公安机关备案。

五、本规定自发布之日起施行。1991年1月12日发布的《社会团体印章管理的暂行规定》同时废止。

国务院关于国家行政机关和企业事业单位社会团体印章管理的规定

国发〔1999〕25号

1993年国务院印发的《国务院关于国家行政机关和企业事业单位印章的规定》（国发〔1993〕21号），对于规范和加强国家行政机关和企业事业单位、社会团体印章的管理工作，起到了重要的作用。但是，随着政府机构的变化，有些条款已不再适用。为进一步规范和加强国家行政机关和企业事业单位、社会团体印章管理，现对国家行政机关和企业事业单位、社会团体印章的制发、收缴和管理规定如下：

一、国家行政机关和企业事业单位、社会团体的印章为圆形，中央刊国徽或五角星。

二、国务院的印章，直径6厘米，中央刊国徽，国徽外刊机关名称，自左而右环行，由国务院自制。

三、各省、自治区、直辖市人民政府和国务院办公厅、国务院各部委的印章，直径5厘米，中央刊国徽，国徽外刊机关名称，自左而右环行，由国务院制发。

四、国务院直属机构、办事机构的印章，正部级单位的直径5厘米，副部级单位的直径4.5厘米，中央刊国徽，国徽外刊机关名称，自左而右环行，由国务院制发。

五、国务院直属事业单位的印章，正部级单位的直径5厘米，副部级单位的直径4.5厘米，经国家机构编制管理部门认定具有行政职能的单位的印章中央刊国徽，没有行政职能的单位的印章中央刊五角星，国徽或五角星外刊单位名称，自左而右环行，由国务院制发。

六、国务院议事协调机构和临时机构的印章，直径5厘米，中央刊五角星，五角星外刊机关名称，自左而右环行，由国务院制发。

七、国务院部委管理的国家局的印章，直径4.5厘米，中央刊国徽，国徽外刊机关名称，自左而右环行，由国务院制发。

八、国务院部委的外事司（局）的印章，直径4.2厘米，中央刊国徽，国徽外刊机关名称，自左而右环行，由国务院制发。

国务院部门的内设机构和所属事业单位，法定名称中冠“中华人民共和国”或“国家”的单位的印章，直径4.2厘米，中央刊国徽，国徽外刊单位名称，自左而右环行，由国务院制发。

九、自治州、市、县级（县、自治县、县级市、旗、自治旗、特区、林区，下同）和市辖区人民政府的印章，直径4.5厘米，中央刊国徽，国徽外刊机关名称，自左而右环行，由省、自治区、直辖市人民政府制发。

十、地区（盟）行政公署的印章，直径4.5厘米，中央刊五角星，五角星外刊机关名称，自左而右环行，由省、自治区人民政府制发。

十一、乡（镇）人民政府的印章，直径4.2厘米，中央刊五角星，五角星外刊机关名称，自左而右环行，由县级人民政府制发。

十二、驻外国的大使馆、领事馆的印章，直径4.2厘米，中央刊国徽，国徽外刊机关名称，自左而右环行，由外交部制发。

十三、国家行政机关内设机构或直属单位的印章，直径不得大于4.5厘米，中央刊五角星，五角星外刊单位名称，自左而右环行或者名称前段自左而右环行、后段自左而右横排，分别由国务院各部门和地方各级国家行政机关制发。

十四、企业事业单位、社会团体的印章，直径不得大于4.5厘米，中央刊五角星，五角星外刊单位名称，自左而右环行。制发办法由公安部会同有关部门另行制定。

十五、国家行政机关和企业事业单位、社会团体印章所刊名称，应为法定名称。如名称字数过多不易刻制，可以采用规范化简称。地区（盟）行政公署的印章，冠省（自治区）的名称。自治州、市、县级人民政府的印章，不冠省（自治区、直辖市）的名称。市辖区人民政府的印章冠市的名称，乡（镇）人民政府的印章，冠县级行政区域的名称。

十六、实行民族区域自治的地方人民政府的印章，可以并刊汉字和相应的民族文字。

十七、印章所刊汉字，应当使用国务院公布的简化字，字体为宋体。

十八、印章的质料，由制发机关根据实际需要确定。

十九、各省、自治区、直辖市人民政府和国务院各部委、各直属机构印制文件时使用的套印印章、印模，其规格、式样与正式印章等同，由国务院制发。

二十、国务院有关部委外事用的火漆印，直径4.2厘米，中央刊国徽，国徽外刊机关名称，自左而右环行，由国务院制发。

二十一、国务院的钢印，直径4.2厘米，中央刊国徽，国徽外刊机关名称，自左而右环行，由国务院自制。

地方外事机构、驻外使领馆钢印的规格、式样，由外交部制定。

其他确需使用钢印的单位，其钢印直径不得大于4.2厘米，不得小于3.5厘米，中央刊五角星，五角星外刊单位名称，自左而右环行，报经其印章制发机关批准后刻制。

二十二、国家行政机关和企业事业单位、社会团体的其他专用印章（包括经济合同章、财务专用章等），在名称、式样上应与单位正式印章有所区别，经本单位领导批准后可以刻制。

二十三、印章制发机关应规范和加强印章制发的管理，严格办理程序和审批手续。国家行政机关和企业事业单位、社会团体刻制印章，应到当地公安机关指定的刻章单位刻制。

二十四、国家行政机关和企业事业单位、社会团体的印章，如因单位撤销、名称改变或换用新印章而停止使用时，应及时送交印章制发机关封存或销毁，或者按公安部会同有关部门另行制定的规定处理。

二十五、国家行政机关和企业事业单位、社会团体必须建立健全印章管理制度，加强用印管理，严格审批手续。未经本单位领导批准，不得擅自使用单位印章。

二十六、对伪造印章或使用伪造印章者，要依照国家有关法规查处。如发现伪造印章或使用伪造印章者，应及时向公安机关或印章所刊名称单位举报。具体的印章社会治安管理办法，由公安部会同有关部门制定。

二十七、过去有关印章管理的规定，如有与本规定不一致的，以本规定为准。

民办非企业单位印章管理规定

中华人民共和国民政部令

中华人民共和国公安部令

第 20 号

现发布《民办非企业单位印章管理规定》，自发布之日起施行。

中华人民共和国民政部部长：多吉才让

中华人民共和国公安部部长：贾 春 旺

2000 年 1 月 19 日

为了保障民办非企业单位的合法权益，加强对民办非企业单位印章的管理，根据《民办非企业单位登记管理暂行条例》和《国务院关于国家行政机关和企业事业单位社会团体印章管理的规定》（国发〔1999〕25 号），制定本规定：

一、印章的规格、式样

民办非企业单位的印章分为名称印章、办事机构印章和专用印章（专用印章分为钢印、财务专用章、合同专用章等），一律为圆形。

由国务院民政部门核准登记的民办非企业单位，名称印章直径为 4.5 厘米，办事机构的印章直径为 4.2 厘米。由地方各级人民政府民政部门核准登记的民办非企业单位，名称印章直径为 4.2 厘米，办事机构的印章直径为 4 厘米。民办非企业单位的专用印章必须小于名称印章且直径最大不超过 4.2 厘米，最小不小于 3 厘米。

民办非企业单位的印章，中央刊五角星，五角星外刊单位名称，自左而右环行。其中办事机构印章中的办事机构名称及财务专用章、合同专用章中的财务专用、合同专用等字样，刊在五角星下面，自左而右横排。

二、印章的名称、文字、文体

印章所刊的单位名称，应为民办非企业单位的法定名称；民族自治地方的民办非企业单位的印章应当并列刊汉文和当地通用的民族文字；有国际交往的民办非企业单位印章，需要刻制外文名称的，将核准登记注册的中文名称译成相应的外国文字，并列刊汉文和外文。

印章印文中的汉字，应当使用国务院公布的简化字，字体为宋体。

三、印章的刻制审批程序

民办非企业单位刻制印章须在取得登记证书后向登记管理机关提出书面申请及印章式样，经批准后持登记管理机关开具的同意刻制印章介绍信及登记证书到所在地县、市（区）以上公安机关办理准刻手续后，方可刻制。

四、印章的管理和缴销

（一）民办非企业单位的印章经登记管理机关、公安机关备案后，方可启用。

（二）民办非企业单位应当建立健全印章使用管理制度，印章应当有专人保管。对违反规定使用印章造成严重后果的，应当追究保管人或责任人的行政责任或法律责任。

（三）民办非企业单位因变更登记、印章损坏等原因需要更换印章时，应到登记管理机关交回原印章，按本规定程序申请重新刻制。

（四）民办非企业单位印章丢失，经声明作废后，可以按本规定程序申请重新刻制。重新刻制的印章应与原印章有所区别。如五角星两侧加横线。

（五）民办非企业单位办理注销登记后，应当及时将全部印章交回登记管理机关封存。

（六）民办非企业单位被撤销，应当由登记管理机关收缴其全部印章。

（七）登记管理机关对收缴的和民办非企业单位交回的印章，要登记造册，送当地公安机关销毁。

（八）民办非企业单位未到公安机关办理准刻手续擅自刻制印章的，由公安机关处以500元以下罚款或警告，并收缴其非法刻制的印章。

（九）对未经公安机关批准，擅自承制民办非企业单位印章的企业，由公安机关按《中华人民共和国治安管理处罚条例》第25条第2项的规定予以处罚。

五、本规定发布之前已按国家有关规定成立的民办非企业单位，在民办非企业单位复查登记过程中，通过复查登记的，其印章规格、式样、名称、文字、文体符合本规定的，在登记管理机关备案后可继续使用；不符合的应重新申请刻制；未通过复查登记的应停止活动，向业务主管单位交回原有印章，并由业务主管单位登记造册，送当地公安机关销毁。

六、本规定自发布之日起施行。

关于规范村民委员会印章制发使用和管理工作的意见

民政部　公安部　2001年6月21日

村民委员会印章，是村级公共权力的象征，在办理村公共事务和公益事业方面具有重要作用。规范村民委员会印章的制发、使用和管理，是村民委员会组织建设的重要内容。一个时期以来，一些农村村民委员会在印章制发、使用和管理方面存在不规范的现象，对农村的社会管理造成了不良影响，有些甚至给村集体经济造成重大损失。为切实保障广大农民群众的利益，规范农村基层管理，促进村民自治健康有序发展，现就规范村民委员会印章制发、使用和管理工作提出以下意见：

一、村民委员会印章的规格式样和制发程序

村民委员会的印章为圆形，直径不得大于4.2厘米，中央刊五角星，五角星外刊县（自治县、旗、市、区）乡（民族乡、镇）村民委员会名称，自左而右环行，或者名称前段自左而右环行、后段在五角星下自左而右横排。民族自治地方的村民委员会，应当并刊汉字和相应的民族文字。印章所刊汉字，应当使用国务院公布的简化字，字体为宋体。

今后，村民委员会的印章一律由乡级人民政府负责制发。刻制村民委员会印章，由村党支部、村民委员会提出意见，交村民代表会议讨论，报乡级人民政府审核，由乡级人民政府到所在地县级人民政府公安机关办理准刻手续，并到指定的厂家刻制。对不按程序刻制村民委员会印章的行为，要进行批评教育，责令改正；造成严重后果的，要依法追究当事人的法律责任。

村民委员会撤销或者合并，被撤销或合并前的村民委员会的印章不得继续使用，制发机关应予及时收缴。村民委员会因故需要更换印章，制发机关应在颁发新印章的同时收缴其旧印章。村民委员会印章丢失，应及时向制发机关报告并申请补发，应予补发的由制发机关登记并办理补发。制发机关应以适当方式公布新印章启用和旧印章作废。使用已作废村民委员会印章的，按私刻公章行为处理。

二、建立健全村民委员会印章的使用管理制度

乡级人民政府和县级人民政府民政部门要加强对村民委员会印章使用管理的指导。要指导村民委员会建立印章使用的审批、登记、备案制度，并纳入村民自治章程或村规民约之中。村民委员会印章要有专人保管，保管人由村党支部、村民委员会提名，并经村民代表会议讨论后决定。为防止乱用印章，一般情况下，印章使用的审批人与印章保管人不得为同一人。村党支部书记、村民委员会主任一般不宜直接保管印章。凡涉及贷款、承包、对外签订合同等重大问题需使用印章时，村民委员会应及时召开村民会议或村民代表会，经会议讨论同意并经村民委员会主任签字后方可使用。对违反印章使用管理规定的，要视情节轻重给予批评教育，造成严重后果的要追究当事人的法律责任。

村民委员会要加强对印章和印章使用的管理，既要严格遵守印章管理规定和印章使用审批程序，又要方便群众的生产和生活。不得以欠交税费等为借口，在村民办理参军、婚姻状况证明、外出务工证明等手续时，拒绝使用印章，也不得借机吃、拿、卡、要，增加农民负担。

三、加强村民委员会的印章管理工作

乡级人民政府、县级人民政府民政部门要监督做好村民委员会换届后的印章移交工作。换届选举工作结束后，上一届村民委员会应在 10 天内向本届村民委员会移交印章。拒不移交村民委员会印章的，由制发机关负责追缴，并追究责任。

村民委员会成员在届内被集体罢免的，印章由乡级人民政府暂时代管。乡级人民政府应在重新选举工作结束后及时将印章发给新的村民委员会。

各地应结合正在推行的村民自治工作，对村民委员会印章的制发、使用情况和管理工作进行一次检查，以往做法与本意见不一致的，以本意见为准。

城市居民委员会印章的刻制、使用和管理可参照本意见执行。

主要参考文献

一、著作类

1. 孙慰祖：《中国印章历史与艺术》，外文出版社 2010 年版。
2. 刘江：《中国印章艺术史》，西泠印社出版社 2005 年版。
3. 赵昌智、祝竹：《中国篆刻史》，上海人民出版社 2006 年版。
4. 沙孟海：《印史学》，西泠印社出版社 1999 年版。
5. 黄泓主编：《鲁庵印泥制作技艺》，上海文化出版社 2011 年版。
6. 韦佳、孟兆波编著：《中国印》，当代中国出版社 2008 年版。
7. 彭澎主编：《篆刻艺术文化》，清华大学出版社 2009 年版。
8. 周赞：《古玺技法三十例》，安徽美术出版社 2013 年版。
9. 赵海明编著：《篆刻知识与技法》，上海古籍出版社 2012 年版。
10. 叶其峰：《古玺印与古玺印鉴定》，文物出版社 1997 年版。
11. 廖庚午主编：《中国现代印章》，群众出版社 2000 年版。
12. 廉旭编著：《印章业印刷业治安管理业务指南》，中国人民公安大学出版社 2009 年版。
13. 贾玉文、邹明理主编：《中国刑事科学技术大全 · 文件检验》，中国人民公安大学出版社 2002 年版。
14. 孙言文主编：《物证技术学》，中国人民大学出版社 2000 年版。
15. 贾治辉主编：《文书检验》，法律出版社 2000 年版。
16. 刘铁根主编：《光学防伪检测技术》，电子工业出版社 2008 年版。
17. 李江春：《法庭科学之现代印刷文件检验》，湖北长江出版集团、湖北人民出版社 2009 年版。
18. 邹明理、杨旭主编：《文书物证司法鉴定实务》，法律出版社 2012 年版。
19. 李彪编著：《文件形成时间检验》，中国人民公安大学出版社 2012 年版。

20. 崔岚编著：《印刷文件检验技术规范》，中国人民公安大学出版社 2012 年版。
21. 谢朋、胡祖平编著：《文件制成时间检验》，浙江大学出版社 2015 年版。
22. Jan Seaman Kelly, Brian S. Lindblom, *The Scientific Examination of Questioned Documents*, Second Edition, Taylor & Francis Group (LLC), 2006.

二、论文类

1. 林红：“图像仿真制版伪造印章印文的鉴别”，载《中国刑警学院学报》1999 年第 3 期。
2. 邹久令：“对连续盖印的印章印文进行鉴定的探讨”，载《中国刑警学院学报》1999 年第 2 期。
3. 贾晓光：“可变性印文特征在盖印时间鉴定中的应用”，载《中国人民公安大学学报（自然科学版）》2004 年第 3 期。
4. 刘存孝、苏兵：“试论树脂版伪造印章印文的检验”，载《刑警与科技》2006 年第 3 期。
5. 刘宁、裴雷：“彩色激光打印机、复印机同一认定新方法”，载《江苏警官学院学报》2005 年第 2 期。
6. 刘敬杰、胡向阳：“激光打印字迹与印文形成时序检验的新方法”，载《第七届全国文件检验学术交流会论文集》，中国人民公安大学出版社 2008 年版。
7. 刘敬杰：“无碳复写字迹与印文的朱墨时序检验”，载《中国司法鉴定》2011 年第 5 期。
8. 刘敬杰、付琳：“传真印文的鉴定”，载《第六届全国公安院校刑事科学技术研讨会暨刑事科学技术教育论坛论文集》，中国人民公安大学出版社 2012 年版。
9. 刘敬杰：“洛卡德原理在文书鉴定中的应用”，载《第七届全国公安院校刑事科学技术教育论坛暨新技术研究论文集》，中国人民公安大学出版社 2013 年版。
10. 刘敬杰、付琳、仲龙：“印章印文的三级特征论”，载《第八届全国公安院校刑事科学技术教育论坛论文集》，中国人民公安大学出版社 2014 年版。
11. 刘敬杰、胡坤、张宁：“《名公书判清明集》中的文书检验”，载《国际文件检验理论与实践前言问题研究》，中国人民公安大学出版社 2014 年版。

后 记

美好而短暂的大学生活让我染上了严重的“书瘾”，转眼毕业已近十年，如今还是放不下书本，依旧喜欢看书学习与疯狂地购书。迄今家中的专业书籍或与专业相关的书籍已有五百余册，想象着满满的书柜中即将放上自己的专著，难掩内心的喜悦与激动。

回想起求学经历，武汉警院生活的点点滴滴仿佛就在昨日，付琳老师、郭茂发老师等诸位恩师的谆谆教诲依旧萦绕耳边，图书馆林红武馆长、陈京昌老师给我创造了良好的学习环境与各种便利条件，中南财经政法大学刑事司法学院胡向阳院长的悉心教导也使我永难忘怀。参加工作以来，苏州同济司法鉴定所施晓玲所长给予了我各种支持与帮助，才使我有了今天的发展和成绩。

这本书是我的第一部专著，也是国内迄今为止第一部专门论述印章印文鉴定的著作，是我在工作与学习过程中不断总结、研究的成果，书稿的写作历经两年多，随着研究的深入，多次增删，几易其稿，最终得以出版。

在我写作的过程中得到了诸多老师、同行、朋友们的鼓励与支持，江苏警官学院刘宁教授对书稿提出了很多有益的修改方案，广东省公安厅胡迎梅警官、武汉警官职业学院付琳主任、江苏警官学院刘宁教授、山东日照浩德司法鉴定所邱现明工程师提供了难得的印文案例素材，使本书的体系更加完善，视图更加直观，在此表示感谢。在我实践研究过程中得到了苏州金石镂刻字社王晓军经理、常州佳盛印章有限公司丁建盛总经理的莫大支持，他们亲自操作演示并答疑解惑，在此一并致谢。武汉警官职业学院刘重兴书记和中国政法大学出版社阚明旗主任对本书的出版给予了大力支持和帮助，在此我表示衷心的感谢。同时，我的爱人郭立萍律师给了我极大的鼓励与支持，为了不影响我的工作，坚持独自喂养出生不久的女儿，没有她的理解、关爱与奉献，我也不会在事业上有所建树。

作此后记向所有关心、支持、帮助我的家人、领导、同事、朋友们表示深深的谢意。

刘敬杰
2015 年 8 月于苏州